INHALT

2. Biodiversität für einen florierenden Planeten

3. Der Planet Erde im Anthropozän

4. Die Ökonomie von 1945 bis 2045

5. Klima-Außenpolitik

6. Neue Aufklärung

7. Ausblick: Wer macht mit?

VORWORT

VON ECKART VON HIRSCHHAUSEN

Im Gespräch mit Ernst Ulrich von Weizsäcker und mit Ihnen

„Silberrücken“ gibt es auch bei Menschen. Ein Pionier der Nachhaltigkeit und ein Quell der Inspiration für die Umweltbewegung weltweit ist seit Jahrzehnten Ernst Ulrich von Weizsäcker. Von 2012 bis 2018 war er Co-Präsident des Club of Rome, einem Zusammenschluss von Experten aus mehr als 30 Ländern, die sich für eine nachhaltige Zukunft der Menschheit einsetzen. Mit dem Bericht „Die Grenzen des Wachstums“ legten sie 1972 das Ursprungsdokument des ökologischen Denkens vor und sorgten für große Aufbruchstimmung.

Trotzdem ist die Welt seither insgesamt ökonomisch immer reicher, aber ökologisch dramatisch ärmer geworden. Wie stehen wir heute da – 50 Jahre später? Spätestens seit der Flutkatastrophe im Ahrtal ist jedem in Deutschland bewusst: Die Klimakrise ist nicht irgendwann und irgendwo, sondern hier und jetzt.

Die Klimakrise ist die größte Gesundheitsbedrohung im 21. Jahrhundert. Auf gut Deutsch: Wir müssen nicht „das Klima“ retten – sondern uns. Gesunde Menschen gibt es nur auf einer gesunden Erde. Immerhin hat der Gedanke, die Humanmedizin mit der Tiergesundheit und der Umwelt zusammen zu denken, es in den Koalitionsvertrag der neuen Bundesregierung geschafft.

„One Health" oder „Planetary Health" braucht Menschen, die global über ihr Fachgebiet hinausschauen können; Tellerrand genügt nicht, denn die Erde ist ja keine Scheibe. Ernst ist so jemand dieser raren Spezies. Er hat intellektuell wirklich Unglaubliches geleistet. Er studierte Physik, ein bisschen Chemie, dann Biologie und wurde zum ordentlichen Biologieprofessor berufen. Dann in rascher Folge Präsident der Universität Kassel, Direktor am UNO-Zentrum für Wissenschaft und Technologie in New York, Direktor des Instituts für Europäische Umweltpolitik in Bonn, Paris, London und anschließend Gründungspräsident des Wuppertal Instituts für Klima, Umwelt, Energie. Von 1998 bis 2005 war er für die SPD im Bundestag, unter anderem als Vorsitzender des Umweltausschusses, und ab 2006 Leiter der Kalifornischen Umwelthochschule. Aber seit 2009 ist er im Breisgau, im „Ruhestand".

Ich besuchte ihn dort, wo er ab und zu anzutreffen ist: zu Hause.

Ich wollte wissen, wie hält man das aus, wenn man sich so lange mit einem Thema beschäftigt und im Verhältnis zur Erkenntnis so wenig passiert? Wie verbittert muss jemand sein, der als Naturwissenschaftler erlebt, dass in der Politik nicht immer nach dem besten Argument entschieden wird?

Ich war überrascht, einen sehr freundlichen und zugewandten Menschen zu erleben, der sich Zeit nahm, mir viele Zusammenhänge zu erklären.

Im Haus der Weizsäckers leben drei Generationen unter einem Dach, genauer gesagt unter einem Sonnenkollektor: Ernst Ulrich und Christine von Weizsäcker, ihre Tochter mit Mann und deren drei Söhne. Was mich sehr freute: In seinem Arbeitszimmer hängt ein Foto von ihm mit John Cleese – einem der größten Komiker der Welt –, das er in Kalifornien mit ihm gemacht hat. Zwei Idole auf einem Foto. Hilft Sinn für Humor, bei aller Dringlichkeit der Sachlage nicht verrückt zu werden? Mit einer Tasse Tee setzten wir uns in den Garten und ich lernte den Unterschied im Denken kennen, zwischen einer leeren und einer vollen Welt.

Wie lebt es sich in eurem Mehrgenerationenhaus?
Wir üben uns in Freundschaft und Vernunft. Zu drei Vierteln schaffen wir es auch. Wir haben ein Auto für fünf Führerscheine, wir ernähren uns vorwiegend von ökologisch angebauten Lebensmitteln, zu einem Teil aus unserem eigenen Garten – das ist ganz das Verdienst meiner Frau Christine. Wir fahren viel Bahn und Fahrrad. Dennoch gibt es auch Sünden, Flüge nach Kalifornien etwa oder nach China. Und solch ein Haus, in dem wir umweltfreundlich leben können, hat natürlich auch Geld und Natur gekostet. Ohne die Teilnahme am Wirtschaftsleben, ohne das Kapital dafür hätten wir ein solches Haus nicht. Mit einer reinen Anti-Besitz-Haltung geht das nicht. So oder so spielen wir mit im System.

Dein großes Lebensthema ist die Bewahrung unserer Erde für kommende Generationen. Haben wir dafür das richtige ethische Rüstzeug?
Nein, unsere Kinder und Enkel leben in einer ganz anderen Zeit als die Menschen während aller vorherigen Epochen der

menschlichen Geschichte. Herman Daly, lange Jahre ein führender Ökonom der Weltbank, sagt: Alle Religionen sind entstanden in einer leeren Welt. Die Menschen lebten verstreut, die Ozeane und die Urwälder blieben stets intakt. Der Anspruch „Macht euch die Erde untertan" war gar nicht anstößig, denn die Natur war unermesslich groß und die Menschheit sehr klein. Eine solch leere Welt existierte bis etwa 1950. Ab dann gingen die menschengemachten Veränderungen durch Nahrung, Konsum und Mobilität raketenartig nach oben, die Kurve des CO_2-Ausstoßes wächst stetig. Damals lebten erst etwas über zwei Milliarden Menschen auf der Erde. Heute sind es fast acht Milliarden. Wir bewohnen nun eine volle Erde. Der Mensch hat sie sich untertan gemacht und ist zum wichtigsten Einflussfaktor für die biologischen, geologischen und atmosphärischen Prozesse geworden. In einer solchen Welt aber muss man anders leben und denken als in einer leeren Welt.

Du forderst nun eine neue Aufklärung. Warum?

Kann man vielleicht in so einem Buch wie diesem lesen. Beim Klimawandel führen unsere Rechthaberei und Jetzt-Besoffenheit in die Katastrophe.

Jetzt-Besoffenheit. Ein sehr treffender Begriff!

Er drückt aus, was uns heute fehlt: eine Balance zwischen Langfrist und Kurzfrist. Zwischen Staat und Markt. Ein Staat, der alles bestimmt, zerstört die Freiheit. Ein Markt, der dem Staat befiehlt, was er zu tun hat, ist furchtbar – und zerstört die Demokratie und die Bereitschaft, sich gesellschaftlich zu engagieren.

© Foto: Wilma Leskowitsch

Manche sagen, die Chance, dass wir das Jahr 2100 noch als Menschheit auf einer Erde, die uns tragen und ertragen kann, erleben werden, sei kleiner als 50 Prozent. Bist du optimistischer?

Ja. Ich bin optimistischer, aber das wird kein Selbstläufer. Es kommt jetzt auf die Gewinnung von Mitstreitern an und auf Gedanken, die langfristige Wirkung entfalten.

Was gibt dir Hoffnung?

Hoffnung macht mir eine neue junge Generation, die merkt, dass sie angeschwindelt worden ist. Und eine neue Art von Investoren, die wirklich lernt, in die Zukunft statt in die Vergangenheit zu investieren, und die nicht bloße Digitalisierung mit Zukunft verwechselt.

Du machst auf mich für einen über 80-Jährigen einen sehr engagierten Eindruck, der Jugend sehr zugewandt.
Als ich im Bundestag saß, war ich auch schon immer auf der Seite der Jungen, die Alten waren nicht so überzeugend. Aber ich war einmal zu jung. Vielleicht auch zu streitsüchtig. Später habe ich vor allem gut zuhören gelernt.

Welchen Rat gibst du deinen Enkeln – oder auch mir?
Für uns alle gilt: Wir sind dran!

Das vorliegende Buch „So reicht das nicht!" ist ein wichtiger Aufruf, mit dem globalen Denken und Handeln Ernst zu machen. Als Physiker ist Ernst Ulrich von Weizsäcker bewusst: Naturgesetze sind nicht verhandelbar! Einem $C0_2$-Molekül in der Atmosphäre ist es egal, aus welchem Land es kam. Es tut, was es tut: die Atmosphäre aufheizen. Solange wir mit dem Finger auf andere zeigen, um von der eigenen Untätigkeit abzulenken, haben wir nicht verstanden, dass wir nur diese eine Erde, diese eine Atmosphäre, diese eine Chance haben. Und nur durch das Unterschreiben von Absichtserklärungen ist auch noch kein einziges Molekül reumütig wieder zurückgekehrt.

Was Ernst Ulrich von Weizsäcker deshalb fordert, ist ein wirklich großer Aufschlag: eine echte Klimaaußenpolitik. Demokratisch und wissenschaftlich fundiert, wirksam. Mit dem Blick aufs Ganze. Denn wir haben alles zu verlieren. Und viel zu gewinnen.

Viele fragen sich: „Was kann ich als Einzelner denn schon tun?" Das Beste, was sie tun können: kein Einzelner zu bleiben! Wir brauchen für die rasche Umsetzung der ehrgeizigen und visionären Ziele Mehrheiten, Netzwerke, Organisationen und alle gesellschaftlichen Gruppen, Generationen und Gremien.

Als Arzt muss ich Sie warnen: Dieses Buch hat Risiken und Nebenwirkungen. Es wird Ihr Bewusstsein verändern. Und es wird Sie anstecken, Teil der Lösung werden zu wollen. Kein Mensch kann sich seine eigene Außentemperatur „kaufen" – noch nicht mal Privatversicherte. Also: Kühlen Kopf bewahren, lassen Sie sich inspirieren – das Buch wartet auf Sie. Die Welt auch. ;-)

Ihr Eckart von Hirschhausen

EINFÜHRUNG

Putins Angriffskrieg: verbrecherisch

24. Februar 2022 – der schwärzeste Tag seit Jahrzehnten. Der russische Präsident Wladimir Putin hatte wochenlang gelogen, er wolle keinen Krieg. Doch am 24. Februar schlugen seine Armeen los. Macht ist ihm wichtiger als Frieden. Sein Traum ist die Weltmacht Russland. Die Ukraine war mal Teil von Russland, sagt er dem russischen Volk als Erklärung. Wie würde die Welt über Deutschland denken, wenn wir sagen, Schlesien und das Elsass waren mal ein Teil von Deutschland und entsprechend losschlagen?

Wir brauchen dringend den Frieden. Um den lebenswerten Planeten zu pflegen. Bescheidenheit statt Machtprotzen. Allein schon die drei Themen Klima, Ozeane und Biologische Vielfalt brauchen die friedliche Kooperation der Völker. Diese drei Themen sind zentraler Teil der Nachhaltigkeitsagenda der Vereinten Nationen.

Die Charta der Vereinten Nationen beginnt mit den Worten: „Wir, die Völker der Vereinten Nationen – fest entschlossen, künftige Geschlechter vor der Geißel des Krieges zu bewahren, …“.

So reicht das nicht. Die Klimakrise ist echt gefährlich.

Wenige Tage nach dem verbrecherischen Kriegsbeginn hat der Internationale Klimarat (IPCC) den zweiten Teil seines Sechsten Sachstandberichts veröffentlicht.[1] Er betont, dass wir mit aller Kraft verhindern müssen, dass die globale Erwärmung sich um mehr als 1,5°C oberhalb des vorindustriellen Klimas fortsetzt. Bei jeder weiteren Verzögerung bei den Maßnahmen für den Klimaschutz und die Anpassung an den Klimawandel werde sich „das Fenster der Gelegenheit schließen, eine lebenswerte und nachhaltige Zukunft für alle zu sichern", sagt Professor Hans-Otto Pörtner, einer der Hauptautoren des zweiten Berichtsteils.

Schon im Jahr 2015 waren die Völker der Welt in Paris zur 21. Klima-Vertragsstaatenkonferenz (COP21) zusammengekommen, um die globale Erwärmung auf maximal 2°C zu begrenzen, wobei das 1,5°C-Ziel auch schon als Wunsch formuliert wurde. Die Teilnehmerstaaten sollten freiwillige Selbstverpflichtungen abgeben und sollten diese alle fünf Jahre aktualisieren. Wenn's zu wenig war, wollte man nachbessern.

Aber am Ende der ersten fünf Jahre, nämlich Ende 2020, hatten nur 70 von 195 Vertragsstaaten dieses Versprechen halbwegs eingehalten. Das waren im Wesentlichen die Europäer, wie das nachstehende Bild von November 2019 andeutet.

Aber wir Europäer haben's auch am nötigsten. Denn in Europa fing das Auspusten von industriellen Treibhausgasen

---

1 IPCC: Climate Change 2022: Impacts, Adaptation and Vulnerability. Contribution of Working Group II to the Sixth Assessment Report of the Intergovernmental Panel on Climate Change, Genf 2022. Im Internet: *www.ipcc.ch/report/sixth-assessment-report-working-group-ii/*

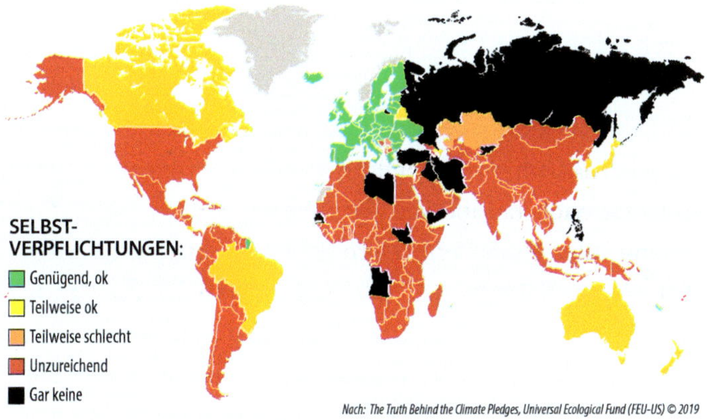

Abbildung 1: Nur Europa hat einigermaßen genügende Selbstverpflichtungen zum Pariser Klimaabkommen von 2015 abgegeben

ja an. Und die europäischen Kolonialmächte haben den Raubbau an den Ressourcen der Welt jahrhundertelang vorgeführt.

Etwas mehr als ein Jahr nach der Pariser Konferenz, im Januar 2017, kam Donald Trump in den USA an die Macht und erklärte den Ausstieg aus dem Pariser Abkommen. Trumps Nachfolger Joseph Biden handelte jedoch rasch. Am Tag seiner Amtsübernahme am 20.1.2021 erklärte er den Wiedereintritt.

Bei der Klimakonferenz (COP26) in Glasgow im November 2021 erreichte Biden eine gemeinsam mit China verabredete Erklärung zur Einleitung des globalen Ausstiegs aus der Kohleverbrennung. Indien, der drittgrößte Klimaverschmutzer, erklärte das weit entfernte Jahr 2070 als Termin für die eigene Klimaneutralität und sabotierte in der letzten Stunde der Glasgower Konferenz alle international verbindlichen Beschlüsse. Informell wurde immerhin das Pariser Wunschziel von maximal 1,5°C als vorrangig erklärt.

Von einem positiven Durchbruch des Klimaschutzes durch COP21 in Paris und COP26 in Glasgow kann nicht die Rede sein. Nach dem 2021 erschienenen Sechsten Bericht des Weltklimarates (IPCC) scheint kaum ein Land die Pariser Selbstverpflichtungen einzuhalten. Und die eher verschwommenen Glasgower Verpflichtungen können die junge Generation noch in keiner Weise beruhigen.

Für den Klimaschutz besonders bizarr ist die Tatsache, dass die meisten Länder das Verbrennen von fossilen Brennstoffen auch noch subventionieren! Im jährlich erscheinenden World Energy Outlook kann man nachlesen, dass es sich dabei in der jährlichen Summe um mehrere hundert Milliarden US-Dollar handelt.

Auf Welt-Ebene muss man die Erfahrungen der letzten zehn Jahre in dem Satz zusammenfassen: *„So reicht es einfach nicht!“* Die Treibhausgaskonzentrationen in der Atmosphäre nehmen gnadenlos weiter zu, und mit ihnen gehen die Temperaturen nach oben. Im ersten Kapitel komme ich auf die Klima-Herausforderung zurück und mache Vorschläge.

Ein großes Problem beim Klimaschutz liegt darin, dass die Herausforderung global ist, aber die etwa 200 souveränen Länder denken national. Die Beschlüsse der Vertragsstaatenkonferenzen müssen jedoch ausdrücklich „im Konsens“ getroffen werden. Da prallen die Interessen ständig aufeinander, zumal nationale Wirtschaftspolitik oft Vorrang vor der Klimapolitik hat.

Die in Deutschland übliche Rede lautet, dass „wir Deutschen das 1,5°C-Ziel einhalten“ müssen und können.[2] Das

---

2 Vgl. z. B. das inhaltlich hervorragende Buch von Karl-Martin Hentschel: Handbuch Klimaschutz. Wie Deutschland das 1,5°C-Ziel einhalten kann, Oekom Verlag, München 2020.

klingt leider so, als ob es Deutschland in der Hand hätte, das vom Weltklimarat als sehr dringlich verkündete Ziel einer lediglich um 1,5°C wärmeren Atmosphäre einzuhalten. Die Zielsetzung ist doch ein Durchschnittswert für die ganze Erde und verlangt drastische Maßnahmen weltweit, keineswegs nur in Deutschland. *Wir brauchen also ganz dringend eine Klima-Außenpolitik, ja eine Klima-Weltpolitik!* Kapitel 5 widmet sich dieser Herausforderung.

Die heutige „Volle Welt" ist eine Folge der Aufklärung

Zuvor wenden wir uns aber einer tiefer liegenden Kalamität zu: der „Vollen Welt" anstelle der früheren „Leeren Welt" (Abbildung 2) sowie der Denkmentalität eines permanenten Wachstums der Bevölkerung und der Wirtschaft.

Herman Daly, der frühere Weltbank-Chefökonom sowie Träger des Alternativen Nobelpreises, schlug vor, zwischen der „Leeren Welt" (früher) und der „Vollen Welt" (heute) zu

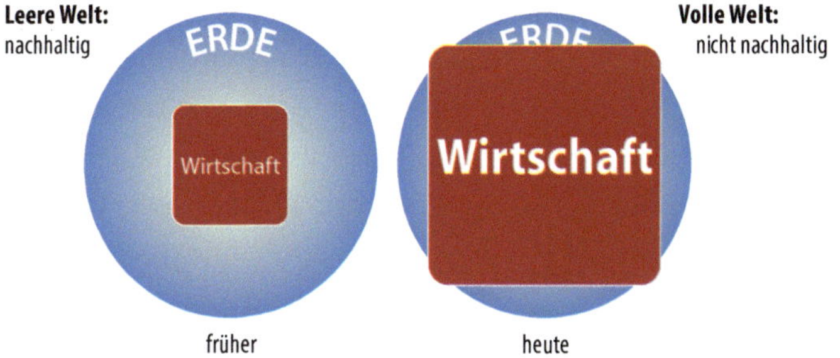

Abbildung 2: Sinnbildliche Gegenüberstellung von Leerer Welt und Voller Welt

unterscheiden.[3] In der Leeren Welt war die Welt noch nachhaltig, die heutige Volle Welt ist es nicht!

In der Leeren Welt gab es weniger als eine Milliarde Menschen auf der Erde. In der Steinzeit waren es nur ein paar Hunderttausend. Und das Bruttoinlandsprodukt (BIP) der Welt war in der Steinzeit null, im frühen 20. Jahrhundert noch recht klein, vielleicht ein Zwanzigstel des heutigen Welt-BIP. Die Natur hingegen war für die menschliche Wahrnehmung unermesslich groß.

Die Europäische Aufklärung bedeutete eine Befreiung vom mythischen zum rationalen Denken. Diese Aufklärung fand noch vollständig in der Leeren Welt statt. Kapitel 6 spricht über die Aufklärung, erwähnt aber auch ihre großen Schattenseiten.

Die Volle Welt ist eindeutig vom Menschen erzeugt worden, und zwar durch die wachsende Weltbevölkerung und die industrielle Revolution, die wiederum auf der Aufklärung basierte. Ganz offensichtlich bedeutete die Aufklärung und in ihrer Folge die Industrialisierung eine gewaltige Schubkraft für die Entwicklung zur Vollen Welt (vgl. Abbildung 32, Kapitel 6).

Diese dramatische Beschleunigung hat nach der Jahrtausendwende zu einem neuen Zauberwort geführt: dem *Anthropozän*. Das ist der Kunstname für ein neues geologisches Zeitalter: das durch den Menschen geprägte Zeitalter. Paul Crutzen (1933–2021), Chemienobelpreisträger, hat den Begriff vorgeschlagen.[4] Vom Menschen geprägt ist leider nicht

3 Herman E. Daly: Economics In A Full World. Scientific American 293, September 2005, S. 100–107.

4 Paul J. Crutzen: Geology of Mankind, Nature 415, 23, 2002, *https://doi.org/10.1038/415023a*. Im Nachruf auf Crutzen (Remembering the Extraordinary

nur das Zeitalter, sondern auch die permanent zunehmende Naturzerstörung.

Aus all dem folgt: Aus der Sicht von Präriebüffeln oder Rebhühnern, Ringelnattern oder Schwertfischen, Apollofaltern oder Hirschkäfern, Mangroven oder Enzianen war *früher* die Volle Welt, und das Anthropozän ist die grausige Leere Welt! In Kapitel 3 über das Anthropozän gehe ich weiter darauf ein.

Globalisierung, Schwächung der Demokratie, Nullzinspolitik

In einem Buch mit politischem Anspruch muss auch die menschliche Geschichte zur Sprache kommen. In dieser Einführung geht es um den noch ziemlich neuen historischen Bruch des Jahres 1990. Was war da los?

Für die Informationstechnik war 1990 das Geburtsjahr des World Wide Web (www), begründet von Tim Berners-Lee. Die große politische Zeitenwende von 1990 war das Ende des Sowjetimperiums und damit das bejubelte Ende des Kalten Krieges. Für Deutschland war es die Wiedervereinigung und für die osteuropäischen Staaten die Öffnung zur Welt.

Ausgelöst durch diese Zeitenwende tauchte ein neues politisches Phänomen auf, die Globalisierung. Natürlich gab es schon viel früher globale Reisen, Welthandel, Telefone und

---

Scientist Paul Crutzen, 1933–2021, im Internet: *https://www.scientificamerican.com*) berichten Jan Zalasiewicz, Colin Waters und Will Steffen von dem Moment, an dem er das Wort prägte. Es war im Jahr 2000 bei einer Tagung des Scientific Committee of the International Geosphere-Biosphere Program (IGBP) in Cuernavaca, Mexiko.

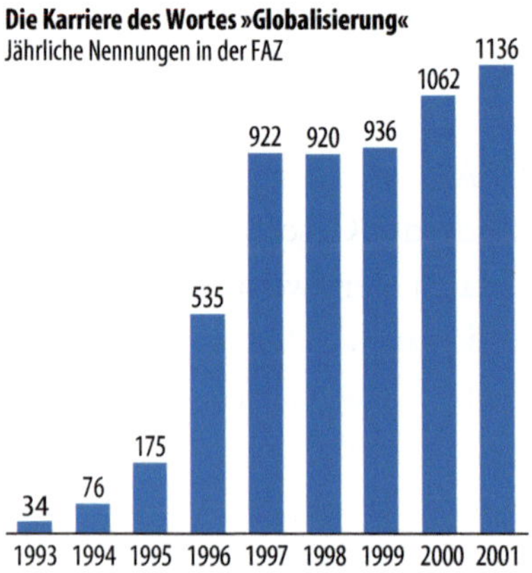

Abbildung 3: Die Karriere des Wortes Globalisierung; jährliche Nennungen in der FAZ. Schlussbericht der Bundestags-Enquete-Kommission „Globalisierung der Weltwirtschaft. Herausforderungen und Antworten"

Fernseher, und es gab Kolonial- und Weltkriege. Aber das *politische* Phänomen der heutigen Globalisierung war neu. Auf Bitte der Enquete-Kommission „Globalisierung der Weltwirtschaft" des Deutschen Bundestags hat die *Frankfurter Allgemeine Zeitung* das Auftreten des Wortes Globalisierung in der Zeitung in den Jahren nach 1990 gezählt. Das erstaunliche Resultat: Das Wort Globalisierung ist überhaupt erst 1993 aufgetaucht (Abbildung 3).

In der Kommission (die ich leiten durfte) wurde darüber gerätselt, warum das Wort Globalisierung vor 1993 nicht vorkam. Gewiss hat das World Wide Web eine Rolle gespielt. Aber es gab auch eine politische Erklärung. Die haben unter anderen Hans Peter Martin und Harald Schumann[5] gegeben:

5 Hans-Peter Martin und Harald Schumann: Die Globalisierungsfalle. Der Angriff auf Demokratie und Wohlstand, Rowohlt Verlag, Reinbek 1996.

Das Ende des Sowjetimperiums wurde als Sieg des marktwirtschaftlichen Systems über den Kommunismus gefeiert, in den Köpfen vieler auch als Sieg des freien Marktes über den Staat. In den USA wurde der große Umschwung von 1990 sogar als das „Ende der Geschichte" bejubelt.[6] Das war der Kern der neoliberalen Denkweise. Und deren Sieg erhielt den Namen „Globalisierung".

In den englischsprachigen Ländern, die der kommunistischen Bedrohung weniger ausgesetzt waren als das kontinentale Westeuropa, war der Umschwung auch schon zehn Jahre früher erfolgt mit den Wahlsiegen von Margret Thatcher, Ronald Reagan und anderen Konservativen in den 1980er-Jahren.

Der Markt war „natürlich" global, und kein nationaler Staat (außer China) konnte dem Markt noch Befehle geben. Martin und Schumann nannten die Globalisierung einen Angriff auf die Demokratie, denn diese wurde dadurch ganz massiv geschwächt.

Die großen, global operierenden Konzerne fuhren auf einmal gewaltige Gewinne ein, weil sie für jeden Teil ihrer Produktionsketten den kostengünstigsten Ort aussuchen konnten. Die Staaten wurden faktisch erpresst, ihre Steuern und Sozialstaatskosten zu senken, andererseits die Kosten für Infrastrukturen voll zu übernehmen. Staaten, die bei diesem üblen Spiel nicht mitmachten, wurden dadurch bestraft, dass die Investoren solche Länder tunlichst mieden – mit der Folge steigender Arbeitslosigkeit.

Diese Zwangslage veranlasste den damaligen Bundeskanzler Gerhard Schröder – wie schon zuvor den britischen Pre-

---

6 Francis Fukuyama: The End of History and the Last Man. Free Press (Simon and Schuster), New York 1992.

mierminister Tony Blair –, die Sozialstaatskosten zu trimmen (Stichwort Hartz IV). Der Beschäftigungslage und dem komparativen Wohlstand Deutschlands und Großbritanniens tat dieser Schritt sehr gut. Ausländische und heimische Investoren fühlten sich hier auf einmal wohl und schufen Arbeitsplätze. Aber auf die Popularität des Kanzlers und seiner Partei, der SPD, wirkte er sich sehr negativ aus. Und andere Länder in der EU, z. B. Griechenland, Italien, Portugal und selbst Frankreich, die für unpopuläre Schritte wie in Großbritannien oder Deutschland keine Mehrheiten fanden, strauchelten in hohe Arbeitslosigkeit und wurden zu Wohlstandsverlierern.

Die Verliererländer nahmen zusätzliche Staatsschulden auf und kamen in Gefahr zu kollabieren. Die Europäische Zentralbank stand auf einmal vor der Alternative, entweder mehrere Staatspleiten im Euro-Raum zuzulassen oder drastisch die Schuldzinsen zu vermindern, bis hin zur Nullzinspolitik, sowie nationale Schuldentitel aufzukaufen. Begreiflicherweise entschied sich die EZB für das Letztere. Aber die Nullzinspolitik brachte die Finanzinstitute, speziell die Lebensversicherungen, in große Schwierigkeiten. Und die Geldanleger kauften auf einmal wie blöd Aktien und Immobilien – mit der unvermeidlichen Folge steigender Mieten.

Die Globalisierung war nicht nur ein Schlag ins Gesicht der Demokratie. Sie vergrößerte auch den Abstand zwischen Reich und Arm! Zum Beispiel rutschten viele Mieter und Wohnungssuchende in die Armut.

Zutreffend sagt Maja Göpel, man müsse „unsere Welt neu denken“.[7] Sie zitiert die neoliberalen Sprüche: „Wirtschafts-

---

7 Maja Göpel: Unsere Welt neu denken. Eine Einladung, Ullstein Hardcover, Berlin 2020, s. besonders die Seiten 161–162.

wachstum wird für Gerechtigkeit sorgen", „Effizientere Technik wird für Gerechtigkeit sorgen", „Nachhaltiger Konsum wird für Gerechtigkeit sorgen". Diese verlogenen Sprüche erzählen die Geschichte, in der der Kuchen immer noch größer werden kann. So als ob unser Planet Erde durch neoliberale Ökonomie ständig größer werden könnte.

Auch der Ökonomie-Nobelpreisträger Joseph Stiglitz hat die Schattenseiten der Globalisierung beschrieben und später die Kontrollmöglichkeiten und Widerstände gegen die brutale Form der Globalisierung formuliert.[8] Und noch etwas später hat der französische Ökonom Thomas Piketty eine historisch-systematische Kritik am neuen Kapitalismus geschrieben, am „Kapital im 21. Jahrhundert".[9] Das Aufreißen der Schere zwischen Arm und Reich war das sichtbarste und unerfreulichste Symptom der Globalisierung. In der Folge gab es nicht nur enttäuschte Sozialisten und Sozialdemokraten, auf einmal tauchten auch ganz neuartige Kritiker auf: populistische Nationalisten, die die negativen Seiten der Globalisierung ausposaunten und eine Dauerbeschimpfung der „Eliten da oben" anzettelten.

Kritik an der Globalisierung hört man heute vom rechten wie vom linken Flügel. Auch Wolfgang Streek kommt aus seiner als „links" verstehbaren Position zu einer neuen Befürwortung des Nationalstaates.[10] Und die Coronakrise, die

---

8 Joseph Stiglitz: Globalization and Its Discontents. Deutsch: Die Schatten der Globalisierung. Siedler Verlag, Berlin 2002; sowie: Joseph Stiglitz: Die Chancen der Globalisierung. Siedler Verlag, Berlin 2006.

9 Thomas Piketty: Das Kapital im 21. Jahrhundert. C. H. Beck Paperback, 4. Auflage, München 2020. Original: Capital in the Twenty-First Century. Harvard University Press, 2014.

10 Wolfgang Streek: Zwischen Globalismus und Demokratie. Politische Ökonomie im ausgehenden Neoliberalismus, Suhrkamp Verlag, Berlin 2021.

Monopolstellung asiatischer Chiphersteller und nun die nötige verminderte Abhängigkeit von russischem Erdgas haben auch bei Ökonomen zu neuem Denken geführt: Die Stärkung der Eigenproduktion in Deutschland oder der EU gilt jetzt wieder als vernünftig!

Das darf aber nicht dazu führen, dass das Klima, die biologische Vielfalt, der Schutz der Meere, auf die nationale Ebene reduziert wird. In den Kapiteln 3 und 4 und erst recht im Kapitel 5 (Klima-Außenpolitik) geht es darum, die weltweite Verantwortung und Kooperation zu stärken. Gerne nenne ich das die Aufgabe der „Erdpolitik".

Hierbei sollten wir jedoch nicht ignorieren, dass Russland unter Wladimir Putins Regierung die von uns hoch gelobte Entwicklung nach 1989, eben das Ende des Kalten Krieges, als schwere Niederlage empfunden hat. Ein Ende des im Februar gestarteten Verwüstungskrieges muss wohl starke Elemente einer Anerkennung des Selbstbewusstseins des geografisch größten Landes der Erde enthalten.

Fridays for Future und Mehrheiten für die Zukunft

Zurück zur ökologischen Großwetterlage, zur Zukunft unseres Heimatplaneten. Es war die junge Generation, die anfing, gegen eine Ökonomie und gegen eine Gesellschaft zu protestierten, die den Planeten gefährdet. Als sich dic damals 15-jährige Greta Thunberg 2018 mit Streikprotest vor den schwedischen Reichstag setzte, lag ihr nichts ferner als die Rückkehr in die Kleinstaaterei. Ihr Zorn und ihre Perspektive waren global! Sie galten dem weltweit dominierenden Streben nach immer mehr Konsum, immer mehr

Abbildung 4a: Fridays for Future

Abbildung 4b: Das Logo – natürlich international

Wachstum, zum Schaden des Klimas und der Natur. Sie erkannte und kritisierte die Schwäche der Staaten und der Staatengemeinschaft, in der Klimafrage langfristig und gemeinsam zu denken und zu handeln. Mit Recht sah sie sich als Vertreterin, ja Sprecherin der jungen Generation, die an die kommenden 50 oder 100 Jahre denken musste.

Greta Thunbergs überraschende Kühnheit führte zu einer *internationalen* Bewegung unter dem Namen „Fridays for Future". An jedem Freitag wollte man protestierend auf die Straße gehen für eine lebenswerte Zukunft (Abbildungen 4).

Nach einigen Wochen gingen die weltweiten Beteiligungen an den Protesten zurück, auch weil Schulen und Schulämter das Fernbleiben vom Unterricht nicht einfach duldeten. Die Corona-Krise brachte die Straßenproteste zeitweise ganz zum Erliegen. Aber inzwischen waren die Sichtbarkeit und die politische Wirkung von Fridays for Future dramatisch gewachsen. Natürlich auch wegen der seit einigen Jahren vermehrten Wetterkapriolen, insbesondere der Waldbrände und Überschwemmungen mit horrenden Kosten.

Waren die Naturschützer seit Jahrhunderten immer in einer hilflosen Minderheit gegenüber einer auf wachsenden Wohlstand pochenden Mehrheit, haben die Fridays for Future-Bewegung und die Klimakrise in kurzer Zeit zu einem Zustand geführt, in dem rivalisierende Parteien in den Wahlkämpfen einen Meistbieterwettbewerb in Sachen Klimaschutz veranstalten. Das war etwa im Bundestagswahlkampf 2021 der Fall. Abgesehen von der AfD haben alle Parteien Klimaziele formuliert, die noch vor zehn Jahren niemals populären Anklang hätten finden können.

Allerdings sind wir erst in wenigen Ländern der Welt so weit. Die Gruppe der 77, der Entwicklungsländer, das hat man insbesondere in Glasgow gemerkt, denkt bei den Vertragsstaaten-Verhandlungen der Klimakonvention hauptsächlich an das Einfordern des bei der 16. Vertragsstaatenkonferenz (COP 16) in Cancún 2010 versprochenen Hilfsfonds von jährlich 100 Milliarden Dollar für Entwicklungsländer. Darunter verstehen sie nicht nur Finanzmittel zur Förderung des Klima*schutzes*, sondern auch für Maßnahmen zur *Anpassung* an die Klimaveränderung. Besonders für die vom steigenden Meeresspiegel (Kapitel 1) bedrohten Länder ist diese Anpassung lebenswichtig.

Bis man weltweit „Mehrheiten für die Zukunft", speziell also für den Klimaschutz erreicht, werden wohl oder übel noch viele Wetterdesaster eintreten und die Bereitschaft zur Umkehr durch leidvolle Erfahrungen verstärken.

Die oben genannte Übermacht der Kapitalmärkte seit 1990 hat es jedoch sehr schwer gemacht, demokratisch legitimierte Mehrheiten für fundamentale nationale und internationale Änderungen des Weltgeschehens zu gewinnen. Die Dominanz der Kapitalrendite kann als Gift für „Mehrheiten für die Zukunft“ angesehen werden. Realistisch muss angenommen werden, dass nur sehr tiefgreifende Änderungen in der Ökonomie, ja sogar in der menschlichen Zivilisation dazu führen können, eine einigermaßen erträgliche Zukunft für unseren Planeten durchzusetzen. Dieser großen zivilisatorischen Herausforderung sind die Kapitel 4 und 6 über eine neue Ökonomie und über die Chancen einer neuen Aufklärung gewidmet.

1. KLIMA

Ein Abriss zur Physik der Klimaveränderung

Der große Pionier der Erkenntnis einer historischen Klimaerwärmung war der schwedische Chemiker und Physiker Svante Arrhenius. Schon im Jahr 1896 publizierte er eine weitgehend noch heute gültige Darstellung über einen Treibhauseffekt von Kohlendioxid (CO_2) sowie von Wasserdampf. Er machte die Abschätzung, dass menschliche Aktivitäten einschließlich fortgesetzter Industrialisierung eine Erwärmung der Atmosphäre um etwa 4 bis 6°C bewirken würden.[11] Arrhenius selbst, der für seine Elektrolytchemie 1904 den Chemie-Nobelpreis erhielt, lebte im kühlen Skandinavien und sah die Erwärmung auf den ersten Blick als schöne Verheißung einer angenehm warmen Welt an.

In den 1980er-Jahren erfuhr die Welt von erstaunlichen Bestätigungen der Abschätzungen von Arrhenius. Der Schweizer Physiker Hans Oeschger und seine Kollegen konnten durch die chemische Analyse von Luftbläschen im tiefen Eis von Grönland feststellen, dass die CO_2-Konzentrationen während der letzten Eiszeit nur halb so hoch waren wie in der heutigen Warmzeit. Wenig später gelang es französischen

11 Svante Arrhenius: On the Influence of Carbonic Acid in the Air upon the Temperature of the Ground. Philosophical Magazine 5, 1896, S. 237–276.

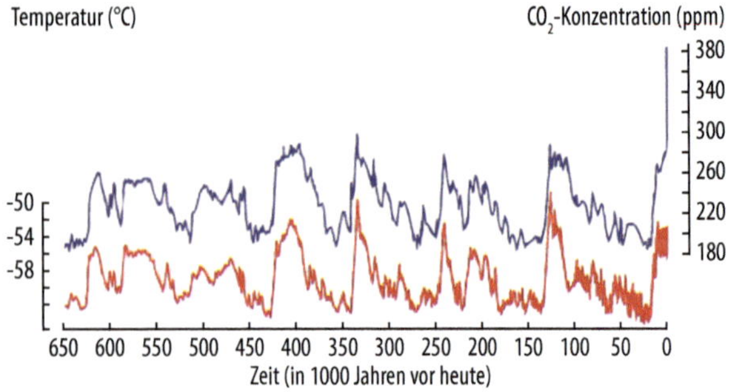

Abbildung 5: Temperaturen (rot) und CO_2-Konzentrationen (blau) in den letzten 650.000 Jahren. Ganz rechts „springt“ die blaue (CO_2-)Kurve nach oben, Folge menschlicher Aktivitäten

Forschern, besonders Claude Lorius, und amerikanischen Kollegen, ähnliche Messungen bis 3000 Meter tief im antarktischen Eis zu machen. Sie entdeckten, dass auch in den drei früheren Eiszeiten die CO_2-Konzentrationen viel niedriger waren als in den wärmeren Zeiten dazwischen.[12]

Abbildung 5 zeigt die Verbindung zwischen CO_2-Konzentrationen und Temperaturen (im antarktischen Raum) über 650.000 Jahre. Die hierfür benutzten Daten sind etwa 20 Jahre neuer als die von Lorius und Mitautoren, bestätigen aber die früheren Messungen. Die Grafik gestattet die Interpretation, dass die CO_2-Konzentrationen die Verursacher der Temperaturänderungen waren, oder auch, dass die Temperaturen die Verursacher der CO_2-Konzentrationen waren.

Um die Kausalität empirisch festzustellen, eignen sich die Kurven von Abbildung 6. Die blaue („menschliche“) Kurve im unteren Bild zeigt die von menschlicher Aktivität (also

12 Vgl. z. B. die zusammenfassende Publikation: Claude Lorius et al.: The ice-core record: climate sensitivity and future greenhouse warming. Nature 347, 1990, S. 139–145.

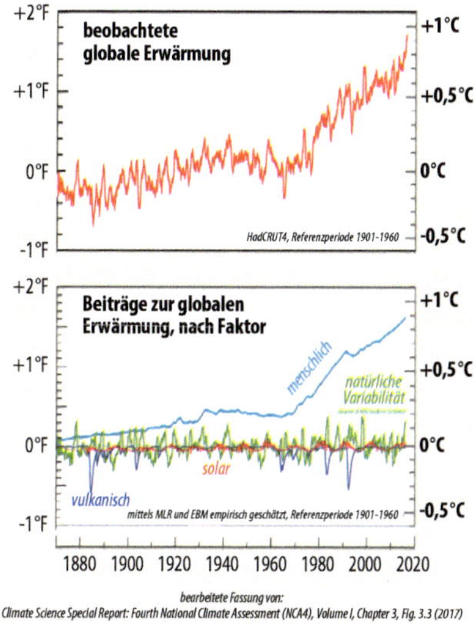

Abbildung 6: Unten die Faktoren, die die globale Erwärmung beeinflussen, oben die Erwärmung selber

nicht von atmosphärischer Wärme) verursachte CO_2-Konzentration. Also ist die CO_2-Dichte der Verursacher!

Wettereskapaden, Meeresspiegelanstieg, schwere Schäden

In der Einführung ist der Klimawandel als sehr große Gefährdung unserer Erde skizziert worden. Das Potsdam-Institut für Klimafolgenforschung (PIK) hat mit amerikanischen Kollegen schon vor einigen Jahren herausgefunden, dass die globale Erwärmung die Häufigkeit von Wetterextremen deutlich erhöht.[13] Bestätigt wird dies im sechsten großen Bericht des Weltklimarates IPCC, veröffentlicht im August 2021.[14]

Wetterextreme sind inzwischen in praktisch allen Ländern erfahren worden. Die 2018 bis 2020 viel zu trockenen Sommermonate in Europa, die weltweiten Waldbrände – im halbtrockenen brasilianischen Cerrado, an der nordamerikanischen Westküste, in Sibirien, Australien und in den europäischen Mittelmeerländern (Abbildung 7) – haben das Thema Klima in die regelmäßige Nachrichtenberichterstattung gebracht. In Deutschland, China, Indonesien und Mosambik kam es 2020 und 2021 zu plötzlichen Sturzregen und großen Überschwemmungen.

Hinzu kommt die Gefahr eines nennenswerten Anstiegs des Meeresspiegels. Über eine Milliarde Menschen leben ganz nah an den Meeresküsten. Der genannte IPCC-Bericht von 2021 spricht von einer vervierfachten Beschleunigung des Meeresspiegelanstiegs in den letzten Jahrzehnten. Und es kann noch dramatischer werden: In der Erdgeschichte gab es hin und wieder (zum Glück sehr selten!) ein plötzliches Abbrechen oder Abrutschen großer Eismassen. Solche Ereignisse könnten durch die vom Menschen verursachte Erwärmung erneut auftreten. Wenn zum Beispiel das Eisvolumen des westantarktischen Thwaites-Gletschers abrutschen würde, stiege der Meeresspiegel etwa um 60 cm an. Das kann für

---

13 Michael E. Mann, Stefan Rahmstorf, Kai Kornhuber, Byron A. Steinman, Sonya K. Miller, Dim Coumou: Influence of Anthropogenic Climate Change on Planetary Wave Resonance and Extreme Weather Events. Scientific Reports 7, Artikel-Nr.: 45242, 2017. Im Internet: *www.nature.com/articles/srep45242*

14 IPCC: Intergovernmental Panel on Climate Change. Sixth Assessment Report 2021. The Physical Science Base. Summary for Policymakers (der ganze Bericht hat fast 4000 Seiten!). Im Internet: *www.ipcc.ch/report/ar6/wg1/downloads/report/IPCC_AR6_WGI_SPM_final.pdf*

Abbildung 7: Verheerende Brände nahe Athen, 5. August 2021

manche Küsten große Flächenverluste und große Fluchtbewegungen bedeuten.

Zur Klimaphysik und zur Klimageschichte gibt es außer den Berichten des Weltklimarates (IPCC)[15] populäre Übersichtswerke und vernünftige Handlungsanleitungen.[16] Der neueste IPCC-Bericht enthält auch eine absolut überzeugende Argumentation dafür, dass die beobachtete globale Erwärmung der letzten hundert Jahre im Wesentlichen auf die Einflussnahme von Menschen zurückzuführen ist.

15 IPCC 2021, a.a.O.

16 Z.B. Stefan Rahmstorf u. Hans-Joachim Schellnhuber: Der Klimawandel. C. H. Beck, München 2007. Mojib Latif: Heißzeit. Mit Vollgas in die Klimakatastrophe – und wie wir auf die Bremse treten, Herder Verlag, Freiburg 2020. Klima(wandel). Naturwissenschaften 5–10 Nr. 13, Schulbuch im Zeitschriftenformat, Friedrich-Verlag, Hannover 2020. Mehr Demokratie e.V. und BürgerBegehren Klimaschutz (Hrsg.): Handbuch Klimaschutz. Oekom Verlag, München 2020. Anja Paumen: Projekt Klimaschutz. Was jetzt geschehen muss, um die Kurve noch zu kriegen Oekom Verlag, München 2021.

Die Dynamik der Erwärmung hat sich sogar beschleunigt. Wenn man weiß, dass die Temperaturen seit vielen Jahrtausenden mit den CO_2-Konzentrationen in der Atmosphäre einhergehen, dann zeigt die berühmte und leicht nach oben gekrümmte Keeling-Kurve (Abbildung 8) diese Beschleunigung bereits an.

Wie wir in Deutschland insbesondere in den Jahren 2018 bis 2021 leidvoll erfahren haben, verursachen die Wetterkapriolen und die langanhaltenden Trockenperioden große Schäden. Allein für die Behebung der Schäden nach den Sturzfluten im Juli 2021 sowie für die finanzielle Unterstützung der geschädigten Familien und Betriebe mussten dreißig Milliarden Euro von den Staatskassen und Versicherungen aufgebracht werden.

Die Ernteausfälle der deutschen Landwirtschaft in den Dürresommern 2018 bis 2020 und die gleichzeitig durch

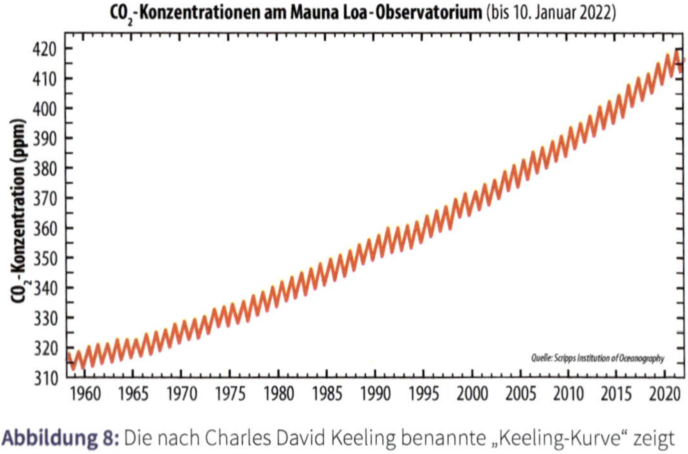

Abbildung 8: Die nach Charles David Keeling benannte „Keeling-Kurve“ zeigt den Anstieg der CO_2-Konzentrationen, gemessen vom Berg Mauna Loa im Pazifik, mehr als tausend Kilometer von den typischen Industrie- und Verkehrsabgasen entfernt

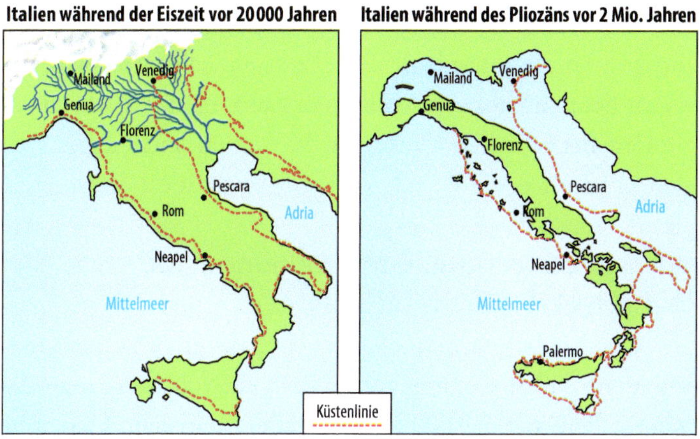

Abbildung 9: Küstenlinien Italiens während der letzten Eiszeit (links) und während einer Heißzeit (rechts)

Borkenkäfer verursachten Forstschäden lagen ebenfalls im Milliarden-Bereich.

Um Größenordnungen schlimmer werden die Schäden, wenn der Meeresspiegel deutlich ansteigt. Das war in den letzten zehntausend Jahren mit ihrer recht stabilen Klimalage kein Problem, aber es *wird* ein Problem, wenn sich die Erwärmung weiter beschleunigt. Abbildung 9 aus einem italienischen Schulatlas zeigt, wie sich die Küstenlinie verschieben kann. Während der letzten Eiszeit (linkes Bild) war Italien erheblich größer als heute. Aber während der letzten Heißzeit (rechtes Bild) war die Fläche des italienischen Festlandes kaum halb so groß wie heute.

Wenn wir solche Unterschiede auf die Niederlande, Norddeutschland, Dänemark, die baltischen Staaten oder gar auf Bangladesch, die pazifischen Inselstaaten, die Philippinen und sämtliche Küstengebiete Asiens, Afrikas und Amerikas projizieren, kommen wir auf riesige Landverluste: Die Wohnorte und Arbeitsstätten von mindestens einer Milliarde Menschen sind von Vernichtung bedroht. Die finanziellen Schäden wären im Bereich Tausender Billionen Euro. Ganz zu schweigen von den entsetzlichen Opfern an Menschen und Tieren.

Klimastabilisierung, Sonnenenergie und nachfolgender Strukturwandel

Angesichts solcher grauenvollen Perspektiven muss man die Frage stellen, wie das Unheil abgewendet oder gemildert werden kann. Das ist die große Frage der Klimapolitik. „Klimaleugner" leben vielleicht bequemer, aber das ist moralisch nicht akzeptabel und rational-wissenschaftlich durch nichts zu rechtfertigen.

Glücklicherweise haben wir noch gute Chancen für die Vermeidung der ganz großen Katastrophen. Die Zielsetzungen des Pariser Klimaabkommens von 2015 und der Glasgower Klimakonferenz von 2021 sind plausibel. Sie haben aber die Schwäche, dass sich mehr als die Hälfte der Nationen der Welt, nämlich die Entwicklungsländer, bezüglich des Klima*schutzes* nicht wirklich angesprochen fühlen. Ihre Repräsentanten sagen völlig zu Recht, dass die bisherige Klimaveränderung im Wesentlichen durch die alten Industrieländer ausgelöst worden ist, und dass ihre eigene Priorität die Verbesserung des Wohlstandes ihrer Bevölkerung ist. Kapitel 5 geht näher auf die politischen Notwendigkeiten einer weltweiten Klimapolitik ein.

Ein großer Schritt in Richtung Klimastabilisierung war in Deutschland im Jahr 2000 die Verabschiedung des Erneuerbare-Energien-Gesetzes (EEG). Es sah eine *kostendeckende*

Vergütung für die Netzeinspeisung von Strom aus erneuerbaren Energien vor. Bei der Windenergie war schon damals der preisliche Abstand zwischen dem aus Wind gewonnenen Strom und dem üblichen Strom aus Kohle oder Atomkraft nicht mehr groß. Bei der Photovoltaik war der Abstand aber riesig: Eine Kilowattstunde Solarstrom kostete im Jahr 2000 in der Herstellung etwa zwei D-Mark, also einen Euro, und damit etwa das Zehnfache des damals üblichen Kohle- oder Atomstromes.

Die Initiatoren des Gesetzes, allen voran Dr. Hermann Scheer, SPD-Bundestagsabgeordneter (1980–2010), wurden folglich von Ökonomen schwer beschimpft für ein Gesetz der großen Geldvernichtung. Aber Scheer und seine Freunde – zu denen ich mich zählen durfte – vertrauten darauf, dass die Massenfertigung von PV-Zellen über kurz oder lang die Herstellungskosten kräftig senken würde. Der Optimismus rührte daher, dass schon seit der „Ölkrise" der 1970er-Jahre eine immense technologische Entwicklung und damit eine erhebliche Verbilligung der Photovoltaik vorausgegangen war. Und die fachkundigen deutschen Ingenieure vermuteten, dass der Trend kräftig weitergehen würde.

Genau das ist geschehen. Die technische Entwicklung fand zu erheblichen Teilen in Deutschland statt, aber die ganz große Massenfertigung wanderte nach China aus, nachdem China eine dem EEG verwandte Gesetzgebung eingeführt hatte. Aber auch deutsche und europäische Systemanbieter für Solarinstallationen profitierten. Die chinesische Billigherstellung der Solarzellen gab deutschen Aufträgen sogar noch zusätzliche Schubkraft.

Die Entwicklung zur kostengünstigen Solarenergie ließ es zu, dass man nach zwanzig Jahren die im EEG veranker-

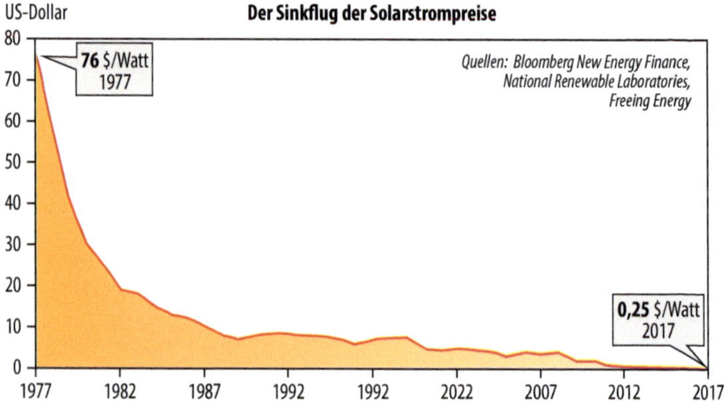

Abbildung 10: In 40 Jahren fiel der Preis für ein Watt Stromkapazität um den Faktor 300, von 76 US$/Watt auf 0,25 US$/Watt

te „Zuzahlung" wieder abschaffen konnte, weil die Herstellungskosten in der Nähe der normalen Strompreise angelangt waren. Abbildung 10 zeigt die spektakuläre Verbilligung der Sonnenstromkapazität um einen Faktor 300 in nur 40 Jahren. In Deutschland liegt der typische Photovoltaik-Strompreis heute bei 5 Eurocent pro Kilowattstunde in der Herstellung. In den sonnenverwöhnten Gegenden Afrikas, des Nahen Ostens oder auch Chiles oder Australiens kostet die solare Kilowattstunde nur noch 1 Eurocent!

Bei dieser Preislage ist der Umstieg von fossilem oder Kernenergie-Strom auf Sonnenstrom alles andere als eine „große Geldvernichtung", wie es vor zwanzig Jahren noch tönte. Und damit wird auch der Klimaschutz für alle Länder absolut bezahlbar.

Gewiss ist ein großer Strukturwandel immer mit hohen Kosten verbunden. Also sind die Stromkosten nicht alles, was für den Klimaschutz zu bezahlen ist. Die Infrastrukturen und Maschinen der Fossilwirtschaft müssen abgeschrieben werden. Die Sicherung der permanenten Verfügbarkeit von Strom und anderen bequemen Energieformen kostet Geld, insbesondere für die Speicherung von Strom für die Uhr- und Jahreszeiten, in denen die Sonne gar nicht oder schwächer scheint und der Wind nicht weht. Alles über Batterien abzusichern, kann riskant werden, wenn z. B. der Ankauf von Lithium zum ernstlichen Kostenproblem wird.[17]

In Deutschland, aber auch in vielen anderen Ländern, hat es sich herumgesprochen, dass man aus ökonomischer Sicht den Solarstrom, an geeigneten Stellen auch den Windstrom, für die Herstellung von Wasserstoff verwenden kann. Man hat dann „grünen“, nämlich weitgehend klimaneutralen Wasserstoff. Ein großer Teil der Herstellung würde aus Kostengründen vernünftigerweise in den „Sonnenländern“ erfolgen, aber die Infrastruktur für die Speicherung, den Transport und die industrielle Anwendung muss natürlich im eigenen Land aufgebaut werden.

Ein vorläufig bedenklicher Engpass sind die „Elektrolyseure“, verschiedenartige Vorrichtungen, die man benötigt, um Wasserstoff aus Wasser oder auch anderen wasserstoffhaltigen Stoffen zu gewinnen, indem sie mit Hilfe elektrischen Stroms chemische Reaktionen herbeiführen. Für eine Wasserstoffwirtschaft, die diesen Namen verdient, müsste die Elektrolyseur-Kapazität weltweit mehr als verzwanzigfacht werden. Selbstverständlich muss man sie auch in den Sonnenländern massiv ausbauen.

---

17 Golem.de: Lithiumknappheit wird schlimmer als die Chipknappheit. Akkutechnik: Lithiumknappheit führt zu Rekordpreisen. September 2021. Im Internet: *www.golem.de/news/akkutechnik-lithiumknappheit-fuehrt-zu-rekordpreisen-2109-159895-2.html*

Eine andere Stütze des Strukturwandels zur Klimaneutralität ist die Energieeffizienz. In den Jahrzehnten, in denen man zur Freude der Industrie und der Wählermassen die Energie immer recht billig gemacht hat – in anderen Ländern noch krasser als in Deutschland –, sind die Effizienztechnologie und -infrastruktur sündhaft vernachlässigt worden. Im Buch *Faktor Fünf*[18] zeigen meine Co-Autoren und ich, dass eine Verfünffachung der Energie- und Materialeffizienz technisch erreichbar ist, langfristig wohl noch deutlich mehr. Das gilt für die in Sachen Ressourcenverbrauch wichtigsten Wirtschaftsbereiche Gebäude, Industrie, Verkehr und Landwirtschaft. Damit können sehr große Schritte zur Klimaneutralität erreicht werden.

Allerdings wird sich die Effizienzrevolution nicht durchsetzen, wenn Energie strukturell billig bleibt. Die seit 2020 einsetzende Energieverteuerung hat insofern auch gute Seiten. Es ist ja auch nicht sehr rational, dass man für die neuen großen Stromfresser der Digitalisierung wie Bitcoins, Streaming von Filmen oder die Logistik-Optimierung von Amazon Riesenmengen billigen Stroms verbraucht!

„Negative Emissionen" und Geoengineering für den Klimaschutz

Die Verminderung der klimaschädigenden Emissionen kostet Geld. Und so denkt man gerne auch an eine ganz andere Strategie, basierend auf Technologien, die CO_2 und andere Treib-

18 Ernst Ulrich von Weizsäcker, Karlson Hargroves u. a.: Faktor Fünf. Droemer HC, München 2010.

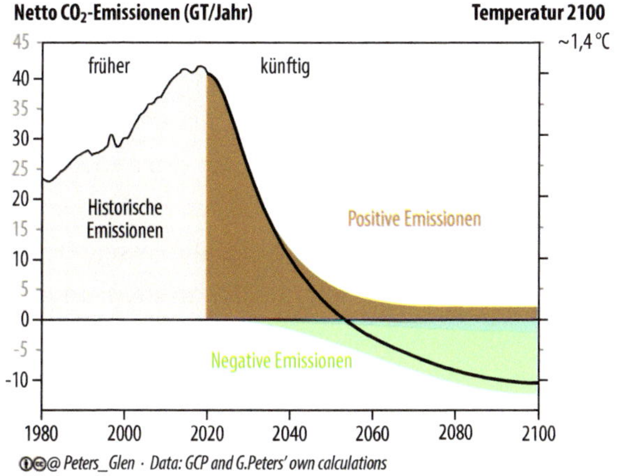

Abbildung 11: Netto CO_2-Emissionen über 120 Jahre. Heute kann das gezielte Abfangen von Treibhausgasen einsetzen (Kohlenstoffsenken, grüne Fläche)

hausgase aus der Atmosphäre oder aus Industrieprozessen abfangen. Das nennt man „negative Emissionen". Bei der Klimakonferenz COP26 in Glasgow waren die zahlreich anwesenden Industrie- und Bankenvertreter an kaum einem Thema so stark interessiert wie an diesen negativen Emissionen.

Abbildung 11 zeigt (idealisiert) die Klimapolitik nach dem Erreichen des Emissionsgipfels; in brauner Farbe sind die Emissionsminderungen gezeichnet, grün die Kohlenstoff-Senken zum Abfangen von Treibhausgasen, also der Raum für negative Emissionen.

Man denkt daran, das CO_2 in Kavernen unterzubringen, in der Annahme, dass die Kavernen über viele Jahrtausende weitgehend luftdicht abgeschlossen bleiben („Carbon Capture and Storage", CCS). Das Verpumpen von CO_2 in die Tiefsee (wo der Wasserdruck die Gase unten einsperrt) ist ebenfalls denkbar, aber teurer und könnte durch Meeresströmungen gestört werden.

Offensichtlich ist auch CCS mit Kosten und Risiken verbunden, es hat aber die angenehme Seite, die alten, liebgewonnenen Technologien und Gewohnheiten noch eine Weile fortzusetzen. Folglich hat die CCS-Option, wie bei der Erwähnung von Glasgow gesagt, bei den Firmen und in den Ländern, deren Ökonomie hauptsächlich auf der Verbrennung fossiler Brennstoffe basiert, sehr viele Anhänger.

Immerhin versucht man, mehr und mehr von CCS auf CCU umzuschwenken, also auf „Carbon Capture and Use", die Weiterverwendung des CO_2. Das macht auch Sinn, wenn man z. B. aus den Gasen Wasserstoff und CO_2 (oder Stickstoff) Chemikalien wie Methanol (CH_3OH) oder Ammoniak (NH_3) herstellt, deren spätere Verbrennung als „klimaneutral" bezeichnet werden kann. Beim Ammoniak muss allerdings peinlich darauf geachtet werden, dass kein Lachgas entsteht und entweicht, welches eine fast 300-fach größere Treibhauswirkung pro Molekül hat als CO_2. Im Übrigen ist das flüssige Methanol im Handling viel bequemer als Wasserstoff. Das ist bei dessen Verwendung als klimaneutraler Brennstoff für Verbrennerautos wichtig, wie ich in Kapitel 5 erläutere.

Eine andere Form der negativen Emissionen, die von Natur aus abläuft, sich aber verstärken lässt, ist das CO_2-Einfangen durch Wälder, Moore und gesunde Böden sowie durch Algen im Meer. Die ökologische Landwirtschaft[19] einschließlich Viehweiden mit bescheidener Viehdichte kann sogar pro Hektar mehr CO_2 absorbieren als Wälder.

Politisch bietet sich also an, eine CO_2-Absorptionsvergütung in der Größenordnung von CO_2-Steuern für die Wie-

19 Z. B. Thomas Lindenthal u. a.: Biologische Boden-Bewirtschaftung als Schlüssel zum Klimaschutz in der Landwirtschaft. FIBL Österreich, Seidengasse 33-35/13, A-1070 Wien, 2011.

dervernässung von Mooren und für die ökologische Land- und Forstwirtschaft zu gewähren.

Eine weitere Option zur Rückkehr zu einem kühleren Klima ist das sogenannte Geoengineering: die von Menschen veränderte Wärmebilanz. Billiger und effizienter als das CO_2-Abfangen ist die Rückspiegelung von Sonnenstrahlen (solar geoengineering). Der Klimaökonom Gernot Wagner sagt, dass es Dutzende Länder gäbe, die das finanziell stemmen könnten.[20] Aber ökologisch, klimatologisch, rechtlich und vor allem politisch gibt es sehr starke Gründe, die Hände von diesem Abenteuer zu lassen.[21]

„Nature-based Solutions" sind vielfach Schwindel

Es gibt in Deutschland und vielen anderen Ländern einen dringenden Bedarf, wohltätige und klimafreundliche Kompensationen für einen Überschuss an CO_2-Emissionen zu erreichen. Das von der EU-Kommission favorisierte Modell hat den wohlklingenden Namen „Nature-Based Solutions" (NBS). Das Wort suggeriert, diese Lösungen seien durch die Natur inspiriert und brächten ökologische, soziale und ökonomische Vorteile mit sich.[22] Sie sollen der Biodiversität helfen und die Ökosystemleistungen verbessern. Ein positives

20 Gernot Wagner: Geoengineering. The Gamble, Polity, Cambridge 2021.

21 Vgl. z. B.: Barbara Unmüßig: Geoengineering ist der falsche Weg. Heinrich Böll Stiftung, Berlin 2020, im Internet: *www.boell.de/de/2020/12/08/geoengineering-ist-der-falsche-weg* (31.01.2022); Alan Robock: 20 reasons why geoengineering may be a bad idea. Bulletin of the Atomic Scientist. 64, 2008, S.14–59.

22 Tom Wild, Tiago Freitas, Sofie Vandewoestijne: Nature-based Solutions - State of the Art in EU-funded Projects. 2020. Im Internet: *https://op.europa.eu/de/publication-detail/-/publication/8bb07125-4518-11eb-b59f-01aa75ed71a1*

Beispiel ist der Schutz oder die Wiederanpflanzung von Mangroven an tropischen Küsten. Sie dämpfen Wind und Wellen und schützen damit Küstensiedlungen, dienen als Habitate für Meeresbewohner, sie absorbieren recht viel CO_2. Auch Wand- und Dachbepflanzungen haben mehrfache Wirkungen: Sie bringen Kühlung, absorbieren Luftschadstoffe und CO_2, schaffen Lebensraum für Tiere und Pflanzen.

Aber es gibt auch beliebte und dabei völlig unsinnige NBS, etwa Monokulturwälder, die leicht lichterloh brennen, auf Flächen, die seit Jahrtausenden gesunde Böden und Grasland mit Büschen gedeihen ließen. Oft werden solche Flächen mit rechtlich problematischen Schritten den dort lebenden Hirtenvölkern weggenommen. Und der „Nutzen" besteht im Wesentlichen in der „Kompensation", nämlich der Gewissensberuhigung von Fabriken oder anderen Treibhausgasemittenten.

Im nachfolgenden Kapitel 2 ist eine kurze Diskussion über „Nature-based Solutions" wiedergegeben, in der insbesondere Vertreter:innen von indigenen Völkern gegen Eindringlinge von außen protestieren, die den Indigenen das Land wegnehmen und dann zur Gewissensberuhigung Bäume anpflanzen, die klimatisch und biologisch nicht dorthin gehören. Friends of the Earth International haben im Oktober 2021 eine vergleichbare Streitschrift veröffentlicht.[23]

23 Friends of the Earth International: Nature based solutions: a wolf in sheep's clothing. 27. Oktober 2021. Im Internet: *www.foei.org/news/nature-based-solutions-a-wolf-in-sheeps-clothing*

Auf Kernenergie kann man rational nicht mehr setzen!

Zehn Jahre nach dem großen Unglück in der japanischen Kernenergieanlage Fukushima Daiichi spüren die Atomkraft-Befürworter wieder „Morgenluft" für ihre Ansichten. Je mehr die Klimaschützer ihre Parolen auf die Minderung von CO_2-Emissionen bei der Energieerzeugung, vor allem also auf den Kohleausstieg reduzieren, desto attraktiver wird die Behauptung, Atomkraft sei die beste Methode zur Verwirklichung dieses Ausstiegs. Eine YouGov-Umfrage von November 2021 zeigt, dass jeder zweite Deutsche meint, Kernenergie habe noch eine Zukunft.[24]

Populär unter den Kernenergie-Befürwortern sind verschiedene Typen von Mini-Reaktoren, meist auf Englisch als „Small Modular Reactor" (SMR) bezeichnet.[25] Diese werden aber kaum ökonomisch konkurrenzfähig sein. Erst bei einer Stückzahl von 3000 fangen die SMRs an, ökonomisch mit den üblichen Großreaktoren vergleichbar zu werden, und schon diese werden von heutigem Solarstrom preislich klar unterboten.

Bill Gates ist einer der bekanntesten Unterstützer der „neuen" Atomenergie.[26] Seine Firma TerraPower soll Reaktoren bauen, die sicherer, kleiner, billiger und effizienter sind

---

24 YouGov: Knapp die Hälfte der Deutschen ist grundsätzlich offen für Atomenergie. Im Internet: *https://yougov.de/news/2021/12/08/knapp-die-halfte-der-deutschen-ist-grundsatzlich-o/*

25 Bundesamt für die Sicherheit der nuklearen Entsorgung (BASE): Small Modular Reactors – Was ist von den neuen Reaktorkonzepten zu halten? (Basierend auf einem Gutachten des Ökon-Instituts), BASE, Berlin 2021.

26 Bill Gates: Wie wir die Klimakatastrophe verhindern. Welche Lösungen es gibt und welche Fortschritte nötig sind, Piper Verlag, München 2021.

als die herkömmlichen. Für die Kühlung will er flüssiges Natrium einsetzen (wie beim nicht mehr aktuellen „Schnellen Brüter“). Etwas pfiffiger ist seine Idee, Kern-Brennstoff aus radioaktivem Müll herzustellen, der in großen Mengen auf den Atomkraft-Grundstücken der USA lagert. Das hätte wenigstens den Vorteil, dass insgesamt der radioaktive Müll abnimmt und nicht zunimmt. Ich persönlich halte jedoch wenig von diesen Plänen. Flüssiges Natrium ist explosiv, und Radiomüll ist im Handling ziemliches Teufelszeug!

Mit gebotener Vorsicht als aussichtsreicher zu beurteilen ist vielleicht der chinesische Kleinreaktor HPR1000 „Hualong One“. Basierend auf weitgehend konventionell bewährter Technologie und in Serienfertigung, verspricht China den HPR1000 mit einer Betriebsdauer von bis zu 60 Jahren anzubieten.[27]

Im Übrigen ist die Kernenergie, auch die chinesische, physikalisch und politisch recht nahe an der Waffentechnik. Sie ist auch ein denkbares Ziel oder sogar Instrument von nuklearem Terrorismus. Atomabfälle schließlich stellen ein teures und technisch aufwändiges Entsorgungsproblem dar, welches allen Kernkraft-Ländern und -Betreibern Sorgen und Kosten auferlegt. Wer die Schrift des inzwischen 90-jährigen Daniel Ellsberg über die Explosivität der Atomwaffen („Doomsday Machine“)[28] liest, kann die friedlich formulierten Lügen über Atomenergie als „Klimafreund“ nicht mehr schlucken!

In der Zwischenzeit, speziell in den vergangenen 15 Jahren, haben sich zudem bei den Konkurrenten der Kernenergie zwei massive Veränderungen in umgekehrter Richtung er-

---

27 Vgl. *http://de.wikipedia.org/wiki/Hualong_One*

28 Daniel Ellsberg: The Doomsday Machine. Confessions of Nuclear War Planner, Bloomsbury Publishing, New York 2017.

geben. Die Kohleverbrennung ist durch die Klimadiskussion auch kommerziell weitgehend ins Abseits geraten – außer in den Ländern, in denen Kohle immer noch eine der kostengünstigsten Energiequellen ist. Damit fallen die Steinkohle und die Braunkohle als Konkurrenten zur Atomenergie praktisch flach. Umgekehrt ist, wie oben skizziert, in den letzten 15 Jahren der Preis für Photovoltaik-Energie rapide gesunken, sodass bei neueren Bieterverfahren für den Aufbau von Stromerzeugung die Kernenergie ökonomisch praktisch keine Chancen mehr hat.

Zwar sind finanziell voll abgeschriebene Kernkraftwerke noch konkurrenzfähig, solange nicht altersbedingte Reparaturserien den Vorteil vernichten. Aber an den Neubau von Reaktoren denken nur noch Investoren oder Staaten, die sich aus politischen, militärischen oder auch Liebhabergründen von der einst als modernste Energieform gefeierten Atomenergie nicht trennen wollen.

Die „Taxonomie" der EU hat 2022 eine von Frankreich und anderen Mitgliedsstaaten dringlich gewünschte Subventionierung der Kernenergie als „nachhaltig" eingeführt. Das dürfte sich als großer Fehler erweisen, sobald an irgendeinem Ort ein großer Schaden eintritt und die EU gezwungen wird, diesen Taxonomie-Fehler wieder auszuradieren – aber nicht ungeschehen machen kann!

Auch die Fusionsenergie kann kaum als ernsthaftes Zukunftsprojekt angepriesen werden. Gewiss freuen sich Plasmaphysiker, Astronomen und Idealisten darüber, dass man die fabelhafte Energieerzeugung unserer Sonne heute auf der Erde kopieren oder simulieren kann. Aber das Aufrechterhalten von Hitzegraden von einer Million Grad Celsius auf der Erdoberfläche gelingt nur mit sehr großem Aufwand.

Und die Behauptung, dass die Fusionsenergie keine radioaktiven Strahlungen mit sich bringt, ist schlicht falsch: Man braucht große Mengen radioaktives Tritium als Brennstoff. Und im superheißen Plasma (wo die Kernfusion abläuft) entstehen gewaltige Neutronenmengen, die man schwerlich daran hindern kann, sich in die Umgebung des Reaktors zu verflüchtigen und auf ihrem Weg irgendwo eine Elementumwandlung mit nachfolgender Radioaktivität anzurichten.

2. BIODIVERSITÄT FÜR EINEN FLORIERENDEN PLANETEN

Rahmengeber: der Erdgipfel in Rio de Janeiro

Der „Erdgipfel" 1992 in Rio de Janeiro, die Konferenz der Vereinten Nationen für Umwelt und Entwicklung, war vielleicht die bisher größte und folgenreichste Umweltkonferenz der Menschheitsgeschichte.[29] Abbildung 12 zeigt das 1992 allgegenwärtige Logo der Konferenz. In der heutigen Weltöffentlichkeit ist die Verabschiedung der im vorherigen Kapitel genannten Klimakonvention das bestbekannte Ergebnis von Rio 92. Viel weniger bekannt ist die dort ebenfalls verabschiedete Biodiversitätskonvention, auf Englisch „United Nations Convention on Biological Diversity", abgekürzt CBD.

Die CBD ist um keinen Deut weniger wichtig als die Klimakonvention. Der CBD und der Biodiversität widmet sich dieses Kapitel.

---

29 Eine gute Kurzdarstellung: Aachener Stiftung Kathy Beys: Artikel „Weltgipfel Rio de Janeiro 1992". In: Lexikon der Nachhaltigkeit. 2015, s. *www.nachhaltigkeit.info/artikel/weltgipfel_rio_de_janeiro_1992_539.htm*

Abbildung 12: Das Logo des Erdgipfels

Doch der Rahmen des Erdgipfels ging noch viel weiter. In Rio de Janeiro wurden insgesamt folgende Dokumente verabschiedet:

- **Die Deklaration von Rio über Umwelt und Entwicklung:** In den 27 Grundsätzen der Rio-Deklaration wurde das *Recht* auf nachhaltige Entwicklung (sustainable development) verankert. Sehr wichtig ist ferner die Anerkennung des Vorsorgeprinzips als ein Leitprinzip. Genau dies wird aber von der Industrielobby und von den USA immer wieder infrage gestellt. Von der chemischen Großindustrie wird neuerdings ein „Innovationsprinzip" gefordert, welches das Vorsorgeprinzip ausbremsen soll,[30] dabei ist doch der Drang nach Innovation unter Marktbedingungen die pure Selbstverständlichkeit!

Ferner werden in der Rio-Deklaration die Bekämpfung der Armut, eine angemessene Bevölkerungspolitik sowie die Verringerung und der Abbau nicht nachhaltiger Konsum- und Produktionsweisen verlangt. Als ein wichtiger Schritt der

30 Christian Calliess: Das Innovationsprinzip – Ein neues europäisches Rechtsprinzip? Zeitschrift für Europarechtliche Studien 1/2021, S. 126–144.

Demokratisierung wurde die umfassende Einbeziehung der Bevölkerung in politische Entscheidungsprozesse postuliert. Letzteres wurde 1998 in der Aarhus-Konvention[31] konkretisiert und noch ergänzt durch die Garantie des Zugangs zu Umweltinformationen und zu Gerichten in Umweltangelegenheiten.

- **Die Klimaschutz-Konvention:** Die Rahmenkonvention der Vereinten Nationen über Klimaveränderungen sieht vor, dass die Belastung der Atmosphäre mit Treibhausgasen auf einem Niveau stabilisiert wird, das eine gefährliche Störung des Weltklimas verhindert.
- **Die Biodiversitätskonvention (CBD)** ist ein Abkommen zum Schutz der biologischen Vielfalt. Die Welt soll die biologische Vielfalt erhalten und diese auf gerechte und ausgewogene Art nachhaltig nutzen.
- **Die unverbindliche Walddeklaration** enthält Leitsätze für die Bewirtung, Erhaltung und nachhaltige Entwicklung der Wälder der Erde. Waldreiche Entwicklungsländer verhinderten in Rio leider das Zustandekommen einer verbindlichen Wald-*Konvention.*
- **Die Agenda 21** sollte ein Füllhorn der vor allem durch den Norden finanzierten Entwicklungshilfe für den Süden der Erde unter den Prinzipien der Nachhaltigkeit werden. Man glaubte damals, zwei Jahre nach dem Ende des Kalten Krieges, nun stünden Hunderte von Milliarden Dollar, die bisher für Rüstung und große Armeen ausge-

---

31 Aarhus-Konvention (Übereinkommen über den Zugang zu Informationen, die Öffentlichkeitsbeteiligung an Entscheidungsverfahren und den Zugang zu Gerichten in Umweltangelegenheiten), 1998. Die Konvention ist geografisch auf Europa, die USA, Kanada und die Nachfolgestaaten der Sowjetunion beschränkt. S. den Begriff auf Wikipedia.

geben wurden, als „Friedensdividende" zur Verfügung. In der Realität wurden diese Milliarden jedoch in fast allen Industrieländern in Steuersenkungen für die Wirtschaft und andere Steuerzahler untergebracht. Die mächtigen Finanzmärkte fanden Steuersenkungen allemal wichtiger als die Nachhaltigkeitsagenda.

- **Die Konvention zur Bekämpfung der Wüstenbildung** ist immerhin eine rechtskräftige Konvention, aber ihre Wirksamkeit ist bislang noch mager.

Der Erdgipfel war getragen von einem wunderbaren Optimismus: Die Welt werde sich nach dem Ende des Kalten Krieges endlich gemeinsam um die gemeinsamen Probleme und Aufgaben der Menschheit kümmern. Ich habe die Stimmung in Rio de Janeiro persönlich erlebt und genossen. Ich sah in ihr den Keim einer „Erdpolitik",[32] wie sie die Erde dringend brauchte.

Doch es kam anders. Wie in dem Einführungs-Abschnitt über Globalisierung und Schwächung der Demokratie schon beschrieben, ist die Aufbruchstimmung nach 1990 in die sehr verkürzte neoliberale Ideologie ausgewandert. Diese wollte vor allem staatliche und erst recht globale Vorsorgeregeln abbauen, weil doch „der Markt" den besseren Riecher für fruchtbare Gelegenheiten der Geldanlage und des technischen Fortschritts habe als der Staat. Und den Staat benannte man gerne in hässlicher Abwertung als „die Bürokratie".

Der Wissenschaftliche Beirat Globale Umweltveränderungen hat kurz vor dem Erdgipfel eine gute Übersicht über

32 Vgl. Ernst Ulrich von Weizsäcker: Erdpolitik. Ökologische Realpolitik an der Schwelle zum Jahrhundert der Umwelt, Wissenschaftliche Buchgesellschaft, Darmstadt 1989, aktualisierte Auflage als Taschenbuch 1997.

die neuen Strukturen globaler Umweltpolitik gegeben. Ausdrücklich wird konstatiert, dass so etwas wie „Erdpolitik", wenngleich logisch, in der Realpolitik derzeit keine Chance habe.[33]

Biodiversität: Uralt und unglaublich wertvoll

Die Strategen des Erdgipfels hatten vollkommen recht: Die Zeit war gekommen, den unglaublichen Schatz der biologischen Vielfalt genauso zu schützen wie das Klima. Immerhin wurde (viele Jahre nach dem Erdgipfel) das Jahr 2010 als das Internationale Jahr der Biodiversität deklariert. Abbildung 13 zeigt die deutsche Version des Logos.

Für dieses Jahr haben die schweizerischen Bundesämter für Umwelt und für Landwirtschaft eine laienverständliche Zusammenstellung der Definition, der Bedeutung und der Leistungen der Biodiversität formuliert, und am Ende bieten sie eine beachtliche Abschätzung des *ökonomischen* Wertes der Biodiversität:[34]

Definition

Biodiversität umfasst die verschiedenen Lebensformen (Arten von Tieren, Pflanzen, Pilzen, Bakterien), die unterschiedlichen Lebensräume, in denen Arten leben (Ökosysteme wie

---

33 WBGU Hauptgutachten: Welt im Wandel: Neue Strukturen globaler Umweltpolitik. Verlag Springer, Berlin, Heidelberg 2000, speziell Seite 16. Im Internet: *www.wbgu.de/fileadmin/user_upload/wbgu/publikationen/hauptgutachten/hg2000/pdf/wbgu_jg2000.pdf*

34 Schweizerische Eidgenossenschaft, Bundesämter für Umwelt und für Landwirtschaft: Faktenblatt 1 zum Internationalen Jahr der Biodiversität. Bern 2010.

Abbildung 13: Das deutschsprachige Logo zum Internationalen Jahr der Biodiversität

der Wald oder Gewässer), sowie die genetische Vielfalt innerhalb der Arten (z. B. Unterarten, Sorten und Rassen).

Bedeutung

Biodiversität ist das auf der Erde existierende Leben in seiner gesamten Vielfalt. Sie ist damit Grundlage und Potenzial sämtlicher Lebensprozesse und Ökosystemleistungen auf unserem Planeten.

Biodiversität ist das Ergebnis einer Millionen Jahre währenden Evolution, geprägt durch den Einfluss über Jahrhunderte andauernder menschlicher Nutzungsformen (Sammeltätigkeit, Rodungen, Landwirtschaft, Siedlung etc.).

Werte der Biodiversität

Biodiversität ist die Voraussetzung für eine gesunde und natürliche Entwicklung aller Lebewesen und Ökosysteme.

Biodiversität ist das natürliche Erbe, welches wir zukünftigen Generationen als Vermächtnis hinterlassen. Dafür tragen wir als Gesellschaft eine ethische und moralische Verantwortung.

Biodiversität ist eine Versicherung

Die Vielfalt von weltweit schätzungsweise 10 bis 20 Millionen Arten, ihre genetische Variabilität und die kaum klassifizierbare Vielzahl verschiedener Lebensgemeinschaften und Wechselbeziehungen ermöglichen Anpassungen an ein breites Spektrum von Umweltbedingungen.

Leistungen der Ökosysteme

Im Alltag liegt die Bedeutung der Biodiversität für den Menschen in den zahlreichen Leistungen, welche die Ökosysteme erbringen. Sie lassen sich in folgende Übersicht einteilen:

- Wirtschaftliche Versorgungsleistungen: Ökosysteme und ihre Arten sind Produktionsfaktoren für zahlreiche Güter wie Trinkwasser, Nahrungsmittel, Energieträger, Kleidungsfasern, Baumaterialien oder medizinische Wirkstoffe. Die genetischen Ressourcen sind die Grundlagen für die Entwicklung neuer Nutzpflanzen, Medikamente und industrieller Rohstoffe. Ökosysteme und ihre Arten sind wichtig für Bestäubung und Schädlingsbekämpfung in der Landwirtschaft und bilden fruchtbaren Boden.
- Regulierende Leistungen zugunsten der Sicherheit: Natürliche Lebensgemeinschaften in Ökosystemen speichern CO_2, schützen vor Lawinen und Hochwasser, verhindern Erosion und regulieren das Klima.
- Kulturelle Leistungen: Ökosysteme und Arten tragen zu vielfältigen Landschaften bei und befriedigen damit ästhetische Ansprüche des Menschen. Die Erholungsleistung der Biodiversität ist beachtlich. Die Entwicklung von Kultur und Gesellschaften war und ist stark mit der Biodiversität verknüpft, z. B. traditionelles Wissen über Heilpflanzen.

- Unterstützende Leistungen: Grundlegende Leistungen der Ökosysteme, die der Mensch nicht direkt in Anspruch nimmt, die aber alle anderen Leistungen überhaupt erst möglich machen, sind unter anderem die Sauerstoffproduktion, die Aufrechterhaltung der Nährstoffkreisläufe oder des Wasserkreislaufs.

Der globale ökonomische Wert all dieser Leistungen wird auf jährlich 16.000 bis 54.000 Milliarden Dollar geschätzt. Die meisten Sektoren der Gesellschaft profitieren von ihnen. Dies gilt für Landwirtschaft, Waldwirtschaft, Fischerei, Jagd, Sport, Tourismus, Pharmaindustrie, Parfumindustrie, Textilindustrie, Baugewerbe, Rohstoffhandel und Gesundheit gleichermaßen.

Biodiversitätsverluste

Kommen wir zur Dramatik der Biodiversitätsverluste. Die zwischenstaatliche Wissenschafts- und Strategie-Plattform über Biodiversität und ökosystemische Dienstleistungen, IPBES (englisch: Intergovernmental Science and Policy Platform on Biodiversity and Ecosystem Services), hat in ihrem Bericht von 2019 die Abschätzung gemacht, dass mindestens eine Million Pflanzen- und Tierarten unmittelbar von der Ausrottung bedroht sind.[35]

Der neueste globale Bericht der CBD[36] (Biodiversitätskonvention) prüft die Erreichung der „Aichi-Ziele",[37] die sich

---

35 IPBES: Global Assessment Report on Biodiversity and Ecosystem Services. 2019. Im Internet: *https://ipbes.net/global-assessment*

36 CBD: Global Biodiversity Outlook (GBO-5). 2020. Im Internet auf *www.cbd.int/gbo5*.

37 Die 20 Aichi-Ziele und der Strategische Plan für den Erhalt der Biodiversität 2011–2020 sind beim (deutschen) Bundesamt für Naturschutz erhältlich. Im Internet stehen sie bei Wikipedia: *https://de.wikipedia.org/wiki/Aichi-Ziele*

die Vertragsstaaten 2010 bei der in Nagoya, Provinz Aichi, Japan, verbindlich gesetzt hatten. Das Ergebnis ist vernichtend: Der globale Verlust der Biodiversität wurde nicht aufgehalten, im Gegenteil, das weltweite Artensterben hat sich sogar noch beschleunigt. Der Zustand der Natur hat sich in den letzten zehn Jahren weiter dramatisch verschlechtert. Keines der zwanzig Aichi-Ziele wurde erreicht, und nur bei sechs Zielen wurden irgendwelche Verbesserungen erzielt.

Die massiven Zerstörungen der Biodiversität sind nicht nur ein Thema der Staaten, sondern immer heftiger auch der Zivilgesellschaft. Die *Extinction Rebellion* (Abkürzung XR; deutsch „Rebellion gegen das Aussterben") ist eine in England 2018 gegründete Umweltschutzbewegung mit dem erklärten Ziel, durch Mittel des zivilen Ungehorsams Maßnahmen von Regierungen gegen das Massensterben von Tieren, Pflanzen und Lebensräumen sowie gegen das mögliche Aussterben der Menschheit als Folge der Klimakrise zu erzwingen. Mittlerweile gibt es Aktivgruppen von XR in mindestens 60 Staaten.[38]

Verwandt mit XR ist die britische Beratungsgruppe RE_SET.[39] Sophie Coleridge von RE_SET und die Partnerorganisation Springwise verwenden gerne das dramatische Cartoon der Abbildung 14, um für drastische Veränderungen in Richtung einer ökologischen Nachhaltigkeit zu werben.

Diese Sichtweise – wie im Cartoon dargestellt – sollte uns veranlassen, den Fakten der Biodiversitätskrise nachzugehen und ihre Gründe offenzulegen, soweit man sie schon kennt.

---

38 Nach Wikipedia

39 Siehe die Website im Internet: *https://thisisreset.com*

Im Erscheinungsjahr dieses Buches soll die 16. Vertragsstaatenkonferenz (COP 16) der Konvention über biologische Vielfalt in Kunming, China stattfinden – sie könnte aber wegen Corona erneut verschoben werden. Dort wollte man den während des genannten Biodiversitätsjahres 2010 gefassten Strategieplan für Biodiversität für seine erhofften Erfolge feiern. Aber, wie gesagt: Es gibt nichts zu feiern. Der Verlust an biologischer Vielfalt hat sich beschleunigt. Die Konsequenzen der gegenwärtigen Trends sind viel schlechter als wir vorher dachten, heißt es in dem zitierten Global Biodiversity Outlook (GBO-5).

Der mit Abstand stärkste Grund für den Schwund der biologischen Vielfalt ist der unstillbare „Landhunger", den

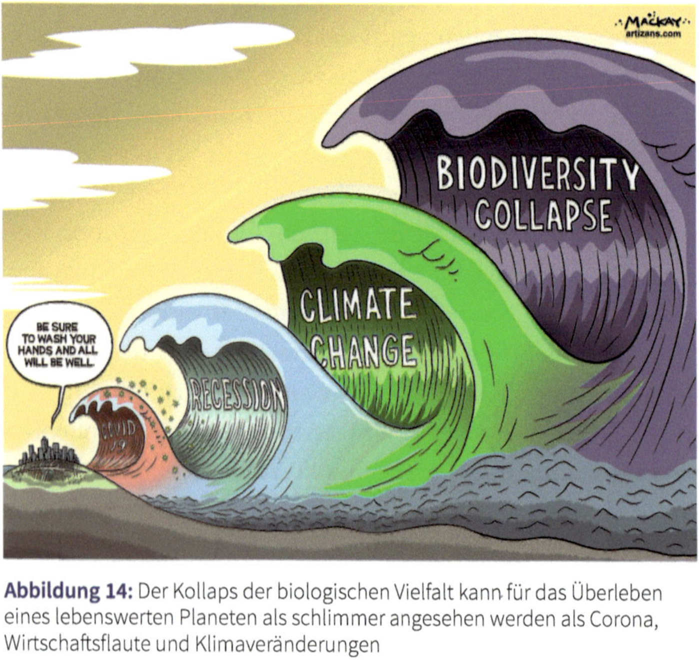

Abbildung 14: Der Kollaps der biologischen Vielfalt kann für das Überleben eines lebenswerten Planeten als schlimmer angesehen werden als Corona, Wirtschaftsflaute und Klimaveränderungen

eine immer weiter wachsende Menschheit mit immer weiter steigenden Konsumwünschen hat. Dieser Trend ist vollkommen ungebrochen. Die gewaltigen Rodungen der letzten Urwälder sind das Schlimmste, was der Artenvielfalt passieren kann. Die Rodungen und anderen zunehmenden Landnutzungen werden immer mit der steigenden Nachfrage nach Lebensmitteln für eine wachsende Weltbevölkerung und mit der steigenden Nachfrage nach Holz und Mineralien für den ständig wachsenden Konsum gerechtfertigt. In neuerer Zeit kommen ausgedehnte Waldbrände und Buschfeuer dazu, die natürlich für den Erhalt der Lebensräume von Tieren und Pflanzen katastrophal sind.

Im Rahmen des Landhungers sorgen Regierungen und Firmen der Welt ständig dafür, dass es für die Biodiversität immer schlimmer wird. Weltweit werden laut GBO5-Bericht rund 100 Milliarden Dollar jährlich in Agrarsubventionen investiert, die „so ganz nebenbei" die biologische Vielfalt massiv schädigen.

Diese fürchterliche Praxis führt, wenn die Einsicht wächst, zu ersten Ansätzen von Therapien, die diese Zerstörungswellen bremsen und beenden. Für uns Europäer und für anderweitige Industriestaaten einschließlich China muss zunächst als dringendste Forderung die gelten, die auch beim Klimaschutz einzufordern ist und bereits genannt wurde: Beendigung der Nutzung fossiler Brennstoffe sowie Verminderung der Vergeudung von Energie und Materialien, also eine positive Stärkung der Kreislaufwirtschaft!

Spezifischer nützlich für die Biodiversität ist eine entschlossene Minderung neuer Landnahme für Menschen- und Nutztier-Ernährung, für Wohngebäude, Verkehr und Industrie. In der Landwirtschaft müssen klare gesetzliche

Beschränkungen großflächiger Monokulturen sowie lebensfeindlicher Chemikalien hinzukommen. Aber noch gedeihen sowohl Großflächigkeit als auch Agrarchemie unter der populären Rechtfertigung, Lebensmittel billiger zu machen. Ihre zerstörerischen Wirkungen für die Natur gehen einfach nicht in die Kalkulation ein.

Im Interesse der Biodiversität müssten auch Naturschutzgebiete gesichert und neu ausgewiesen werden. Aber aufgepasst: Sehr häufig werden unter staatlicher Kontrolle stehende Naturschutzgebiete für Bergbau und naturschädigende Land- und Forstwirtschaft geöffnet – gegen hohe Geldzahlungen, auf die die Regierungen wegen ihrer Überschuldung angewiesen sind. Besonders ironisch ist es, wenn Regierungen Flächen für den Naturschutz abstecken und sie dafür indigenen Völkern und anderen angestammten Siedlern wegnehmen. Und diese Flächenenteignung lässt man sich von Naturschutzgruppen aus Industrieländern fürstlich bezahlen.

Umgekehrt kann es für die Biodiversität von besonderem Nutzen sein, in Agrar- und Siedlungsland ökologische Qualitätsregeln durchzusetzen, wie z. B. das Anpflanzen oder die Sicherung von Hecken, Gebüschen und kleinen Mischwäldern. Moore, Weideland und kleine Wasserwege haben den doppelten Vorteil, gleichzeitig der Erhaltung und Bereicherung der Biodiversität als auch dem Klimaschutz zu dienen. Aber dies sind häufig Maßnahmen, die den Hektarertrag der Landwirtschaft mindern. Fairerweise sollte man die Landwirte entsprechend entschädigen. Und die Verteuerung von Nahrungsmitteln, insbesondere Fleisch, darf nicht tabuisiert werden. Das könnte „nebenbei" dazu beitragen, dass in Deutschland weniger als elf Millionen Tonnen Lebensmittel jährlich weggeworfen werden!

Ein ebenfalls eher unpopulärer Pfad für die Rettung der Biodiversität wäre die strategische Stabilisierung und anschließend die Verminderung der menschlichen Weltbevölkerung. Die Weltbevölkerung hat sich vom Jahr 1900 bis zum Jahr 2010 glatt vervierfacht. Das darf einfach nicht so weitergehen! Es ist immerhin eine erfreuliche Tatsache, dass diejenigen Weltregionen, die schon heute eine Stabilisierung ihrer Bevölkerung erreicht haben, die besten ökonomischen Erfolge vorzeigen können.[40] Und seit 1990 ist die Geburtenrate von durchschnittlich 3,2 Kindern pro Frau auf heute 2,3 Kinder gesunken, wie die Deutsche Stiftung Weltbevölkerung (DSW) in Hannover mitteilt.[41]

Indigene Völker bekommen das beste Zeugnis in Sachen Biodiversität

In der Fortschrittserzählung unserer Zivilisationen ist die Naturverbundenheit eher die Vergangenheit, dagegen die Eroberung der Welt durch den Menschen der Kern des Fortschritts. Doch was ist das für ein „Fortschritt“, der mit der Zerstörung von biologischer Vielfalt einhergeht? Wir in den hoch industrialisierten Ländern müssen dringend lernen, diesen Fehler zu erkennen und zu überwinden!

Im Kontext der Biodiversität ist es von besonderer Bedeutung, dass die indigenen Völker oft schon seit Jahrtau-

40 UNFPA: Consequential omissions. How demography shapes development – Lessons from the MDGs for the SDGs. Fig. 8. Im Internet: *http://www.berlin-institut.org/fileadmin/user_upload/ Consequential_Omissions /UNFPA_online.pdf*

41 Deutsche Stiftung Weltbevölkerung, Hannover, 1.11.2021. Im Internet: *www.dw.com/de/weltbevölkerung-wächst-langsamer/a-59684344*

Abbildung 15: Protestbroschüre gegen CO_2-Kompensations-Schacher unter dem wohlklingenden Namen „Nature-based Solutions"

senden im eigensten Interesse dafür gesorgt haben, die Vielfalt der Natur zu erhalten. Für diese Völker ist es besonders tragisch, wenn die nationale Regierung oder ausländische „Naturschützer" ihnen unter dem Vorwand des Klima- und Naturschutzes Land wegnehmen und darauf Bäume anpflanzen, die als „Offset", d. h. als Kompensation für überhöhte CO_2-Emissionen gewertet werden. Das wird dann unter dem schön klingenden Slogan „Nature-based Solutions" (naturnahe Lösungen) verkauft, wie schon in Kapitel 1 beklagt.

Abbildung 15 symbolisiert den Zorn der Indigenen und der Global Forest Coalition gegen die Menschenrechte verachtende Täuschung. „UNSERE Natur ist nicht EURE Lösung" steht auf dem Bild, Deckblatt des entsprechend zornigen Pamphlets gegen sogenannte Nature-based Solutions.[42]

In einem Gastbeitrag der *Frankfurter Rundschau* bringt es Christine Röttger auf den Punkt: „Konzepte wie Naturkapi-

42 Logo-Nachdruck mit freundlicher Genehmigung von Global Forest Coalition.

tal, Habitat-Banken oder Kompensation reduzieren Naturschutz auf ein rein buchhalterisches und damit apolitisches Problem. Die Idee, man könne zerstören und verschmutzen, weil der Schaden ja anderswo ‚kompensiert' werde, lenkt vom Kern der Sache ab: Wir bauen, produzieren und konsumieren viel mehr, als wir für unser Wohlergehen benötigen. Die eigentliche Aufgabe besteht also darin festzustellen, was wir wirklich brauchen und wann genug ist. Kompensationsmaßnahmen implizieren aber, dass diese Art der Entwicklung unvermeidlich ist und unsere einzige Möglichkeit darin besteht, den Schaden zu begrenzen."[43]

Hinzufügen muss man die bereits genannte Tatsache, dass die übermäßigen CO_2-Emittenten sowie viele Regierungen von Entwicklungsländern größtes Interesse an dieser Sorte von Schacher haben und sehr häufig die indigenen Völker massiv schädigen.

43 Christine Röttger: Keine Sprache für Natur. Gastbeitrag in der Frankfurter Rundschau, 28.10.2021. Im Internet: *www.fr.de/meinung/gastbeitraege/keine-sprache-fuer-natur-91081411.html*

3.
DER PLANET ERDE IM ANTHROPOZÄN

Was ist eigentlich das Anthropozän?

In der Einführung erwähnte ich kurz das Anthropozän als ein neues geologisches Zeitalter. Und zwar das durch den Menschen geprägte und dynamisierte Zeitalter. Anders als alle vorherigen (langsamen) Zeitalter ist das Anthropozän durch eine absolut rasende Geschwindigkeit der Veränderungen gekennzeichnet. Eine vom Menschen geprägte Zeit bekommt durch jede große Erfindung (irgendwo auf der Welt) ein neues Gesicht.

Die Fähigkeit des Menschen, sich praktisch über den ganzen Planeten auszubreiten, bahnte sich schon lange in den vergangenen hunderttausend Jahren an. Das beschreibt das neue Buch von Johannes Krause und Thomas Trappe „Hybris: Die Reise der Menschheit".[44] Gestützt auf Forschungen über die Gen-Ausstattung von sehr frühen Menschen – dem Forschungsgebiet von Prof. Krause – zeigen die Autoren, dass und wie sich die Menschen als äußerst erfolgreiche Lebewesen durchgesetzt haben. Dabei gab es auch große Rückschlä-

44 Johannes Krause und Thomas Trappe: Hybris. Die Reise der Menschheit. Zwischen Aufbruch und Scheitern, Propyläen Verlag, 4. Auflage, Berlin 2021.

ge, wahrscheinlich nicht zuletzt durch üble Pandemien verursacht. Und manche Varianten von Menschen wurden wohl durch andere verjagt und ausgerottet, so etwa die Neandertaler durch den regional konkurrierenden Homo Sapiens.

Die Frühmenschen hatten oder entwickelten Jagdwaffen zum Erlegen jeder Art großer Tiere. Praktisch überall auf der Welt haben die eingewanderten Menschen in kurzer Zeit alle Großwildarten ausgerottet. Die große und erfreuliche Ausnahme ist der Afrikanische Kontinent sowie – abgeschwächt – Südasien und Australien. Hier haben offenbar viele Großtiere gelernt, sich vor dem Menschen rasch zurückzuziehen, statt sich auf den Nahkampf zu verlassen.

Eine einigermaßen hochstehende Zivilisation konnten die Menschen wohl erst aufbauen, als sie anstelle des „Jagens und Sammelns" die ortsfeste Landwirtschaft erfanden. Das geschah gegen Ende der letzten Eiszeit, ungefähr vor 13.000 Jahren, und zwar in ganz unterschiedlichen Gebieten der Erde zu etwas unterschiedlichen Zeiten und mit unterschied-

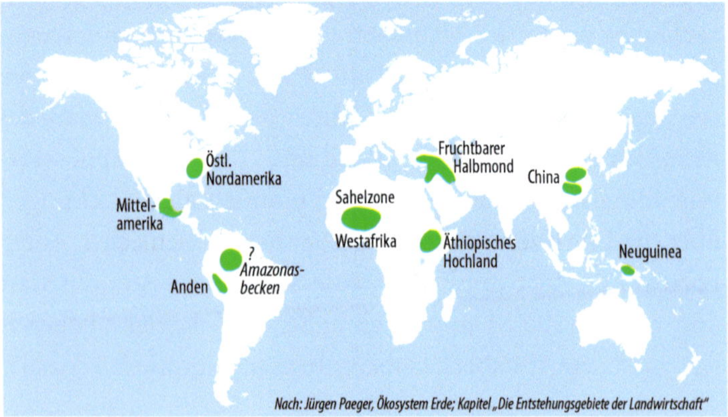

Abbildung 16: Die Landwirtschaft wurde von Menschen nach der letzten Eiszeit in verschiedenen Gebieten der Erde „erfunden" und entwickelt

lichen Methoden und Ergebnissen. Abbildung 16 bezeichnet diese Gebiete.

Die Landwirtschaft war eine große, komplexe Leistung. Sie nutzte die Pflanzenkenntnis, sie domestizierte nützliche Tiere, sie führte zu Arbeitsteilungen und Spezialisierungen unter Menschen, sie entwickelte die langfristige Aufbewahrung von Lebensmitteln. Fast alles Errungenschaften, die im Tierreich selten vorkamen. Man hätte also auch den Beginn der Landwirtschaft als den Beginn des Anthropozäns bezeichnen können.

Aber man hat begreiflicherweise den neuen Begriff erst für die jüngste Vergangenheit gewählt, und mit Recht. Aus heutiger Sicht ist die totale Machtübernahme durch die Spezies Mensch noch keine hundert Jahre alt. Man kann das Jahr 1950 unserer Zeitrechnung als das Bruchjahr zum Anthropozän bezeichnen.

Abbildung 17 besteht aus 24 Miniaturbildern, von denen jedes einen senkrechten Strich enthält, der eben dieses Jahr 1950 markiert. Und man sieht, dass die rot gefärbten Miniaturbilder sozio-ökonomischer Entwicklungstrends sprunghafte, oft exponentielle Anstiege verschiedener Strömungen des Konsums, der Verstädterung oder des Verkehrs nach 1950 aufweisen. Auch das erste Bild, die Weltbevölkerung, zeigt 1950 einen klaren Knick nach oben! Die mit Grün gefärbten Bilder zeigen zwölf ökologische Verschlechterungen nach 1950.

Die Große Beschleunigung

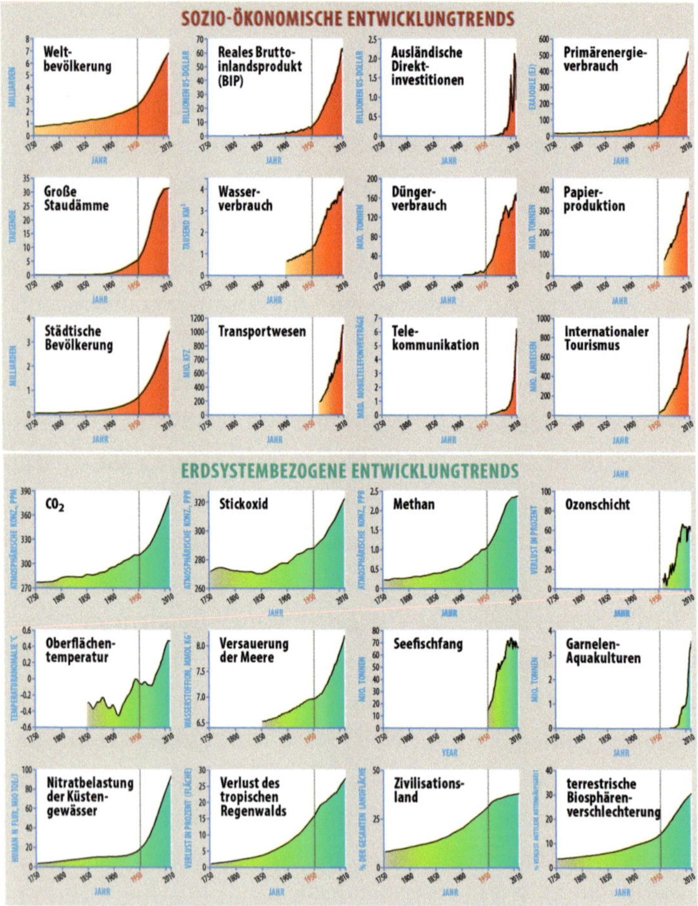

Abbildung 17: „Die Große Beschleunigung" nach 1950: markiert durch eine dünne vertikale Linie. Rot: Weltbevölkerung und elf ökonomische Parameter, Grün: die bittere Antwort der Natur

Zerstörungen

In den Kapiteln 1 und 2 wurden die durch Menschen stark beeinflusste Änderung des Klimas sowie der starke Rückgang der biologischen Vielfalt skizziert. Beide Trends muss man als Schattenseiten des Anthropozäns bezeichnen. Die Klimaveränderung hat sich in den letzten Jahren überall herumgesprochen. Den Verlust der Biodiversität haben viele Menschen noch gar nicht wirklich wahrgenommen. Es gibt aber auch hierüber Beobachtungen und Berechnungen von großer Tragik.

Für den weltweiten Rückgang der Wildtiere sind in den letzten hundert Jahren nicht mehr die menschlichen Jäger die Hauptverursacher, sondern die rasante Landnahme der Menschen für ihre Siedlungen, den Verkehr und die Landwirtschaft. Die Lebensräume der Tiere schrumpften gewaltig. Eindrucksvoll, um nicht zu sagen makaber, ist eine Kalkulation des Lebendgewichts der auf dem Landboden lebenden Wirbeltiere in drei Kategorien: den vom Menschen gehaltenen Haus- und Schlachttieren, den Menschen selber, die ja auch Wirbeltiere sind, und den Wildtieren. Das Gesamtgewicht aller Haus- und Schlachttiere macht etwa 67 Prozent aus. Wir Menschen bringen weitere 30 Prozent auf die Waage. Und so bleiben für sämtliche Landwirbeltiere, einschließlich Elefanten, Bären, Büffeln, Giraffen, Kängurus, Rotwild, Lamas, Mäusen und Ratten, landlaufenden Vögeln, Reptilien und Amphibien zusammen nur noch drei Prozent des Wirbeltiergewichts![45]

45 World Society for the Protection of Animals (WSPA): Eating our Future. The environmental impact of industrial animal agriculture. Autor: Michael Appleby, WSPA International, London 2008. Im Internet: *www.worldanimalprotection.ca/sites/default/files/media/ca_-_en_files/wspa_esr_small_tcm22-5754.pdf*

Die Quelle ist schon etwas älter und bedarf vielleicht einer Bestätigung auf dem Niveau streng wissenschaftlicher Publikationen. Hierfür kann die Arbeit von Yinon M. Bar-On und Kollegen dienen.[46] Die Autoren haben sich auf das Gewicht der Säugetiere konzentriert und fanden, dass die von Menschen gehaltenen Säugetiere 60 Prozent der Lebendmasse darstellen, die Menschen 36 und die Wildtiere 4 Prozent. Die Unterschiede gegenüber den oben genannten Prozentsätzen sind plausibel: Geflügel (Hühner, Puten, Gänse, Enten) sind Wirbeltiere, aber keine Säugetiere, und sie machen einen erheblichen Teil des Gewichts der von Menschen gehaltenen Schlachttiere aus, während wildlebende, auf dem Landboden lebende Vögel kaum ins Gewicht fallen. Dass das Menschengewicht im Bereich Säugetiere prozentual höher ausfällt als bei Wirbeltieren, beruht ebenfalls darauf, dass bei der Berechnung der Säugetiere die vom Menschen gehaltenen Vögel nicht mitgezählt werden.

Wenn die Jagd Tiere tötet und die Lebensräume der Wildtiere extrem verringert werden, ist es kein Wunder, dass immer mehr Tierarten, aber auch Pflanzenarten aussterben. All die wohlgemeinten Naturschutzmaßnahmen kommen dagegen nicht an. Elizabeth Kolbert nennt es „das sechste Sterben".[47] Die fünf früheren lebenszerstörenden Katastrophen waren wahrscheinlich von auf den Planeten Erde einschlagenden großen Meteoriten ausgelöst. Die bislang letzte Katastrophe dieser Art lief etwa vor 66 Millionen Jahren ab,

46 Yinon M. Bar-On, Robert Phillips und Ron Milo: The biomass distribution on Earth – PNAS (Proceedings of the National Academy of Sciences), USA 2018, 115, S. 6506–6511.

47 Elizabeth Kolbert: Das sechste Sterben. Suhrkamp Verlag, Berlin 2015.

geläufig als das Drama des Aussterbens der Dinosaurier und natürlich Hunderttausender meistenteils unbekannter Arten.

Trotz der heutigen unerhörten Vernichtungswelle der Biodiversität ist in der öffentlichen Wahrnehmung die gefährlichste Entwicklung des Anthropozäns die Klimakrise. Vier Faktoren haben dazu geführt, dass das Thema Klima in der Öffentlichkeit so präsent geworden ist:

- *Die Wissenschaft*, die die enge Korrelation zwischen atmosphärischen CO_2-Konzentrationen und Lufttemperaturen über eine Million Jahre festgestellt und bewiesen hat, und die die zunehmende Erwärmung gemessen hat;
- die Erfahrung *zunehmender Wetterkapriolen* mit der globalen Erwärmung;
- die *von der Jugend ausgehenden Proteste* gegen die weitgehende Tatenlosigkeit von Wirtschaft und Politik in Sachen Klimaschutz;
- der *Erfolgsweg der erneuerbaren Energien*, namentlich der Photovoltaik. Noch vor zwanzig Jahren konnte Sonnenstrom nicht als Argument herhalten, dass eine Wirtschaft ohne Kohle, Öl und Gas ohne riesige Wohlstandsverluste möglich sei.

Der vierte Faktor ist *politisch* von herausragender Bedeutung. In Demokratien kann man keine Wahlen gewinnen und Diktaturen können sich nicht halten, wenn deren Grundrezept einen Absturz des Wohlstandes verursacht.

Die Gaia-Hypothese und die erstaunliche Rolle von Pilzen

Die Kapitel 1 und 2 zeigten die Konflikte zwischen dem rasanten Wachstum der Weltbevölkerung und dem damit einhergehenden Wirtschaftswachstum einerseits sowie dem Klima und der Biodiversität andererseits. Es gab jedoch viele Millionen Jahre vor dem Auftreten der ersten Menschen auch schon große Veränderungen im Gesicht unseres Planeten, zusätzlich zu den genannten Meteoriteneinschlägen.

Eine höchst erstaunliche Großveränderung haben James Lovelock und Lynn Sagan (später als Lynn Margulis bekannt) schon 1974 entdeckt und beschrieben, die „Gaia-Hypothese“.[48] Nach dieser Hypothese kann man den Planeten Erde sogar als eine Art Organismus begreifen. Dieser „Organismus“ hat die Sauerstoff-Atmosphäre geschaffen, die es vor etwa 800 Millionen Jahren noch gar nicht gab. Die *biologischen* Erzeuger von gasförmigem Sauerstoff waren nach der Hypothese „Cyanobakterien“, fälschlich auch als „Blaualgen“ bezeichnet – es sind eben in Wirklichkeit Bakterien und keine Algen. Dies hat die Mikrobiologin Lynn Sagan/Margulis nachgewiesen, die mit Recht als Mit-Erfinderin der Gaia-Hypothese gefeiert wird.

Der Stoffwechsel der Cyanobakterien führt zur permanenten Abgabe von Sauerstoffgas. Dieses Gas blieb aber nur kurzzeitig in der Atmosphäre und vereinigte sich alsbald – als

48 James Lovelock, Lynn Sagan: Atmospheric homeostasis by and for the biosphere: the Gaia hypothesis. In: Tellus. Series A. International Meteorological Institute. Band 26, Nr. 1–2, Stockholm 1974, S. 2–10. Vgl. deutsch: James Lovelock: Das Gaia-Prinzip. Die Biographie unseres Planeten (Engl. Original: The Ages of Gaia), Artemis & Winkler Verlag, Zürich, München 1991.

aggressives Gas – mit Metallen, Methan oder Kohlenstoff. Es dauerte weitere Hunderte von Millionen Jahren, bis diese Potenziale der Sauerstoffbindung halbwegs erschöpft waren. Erst danach konnte sich gasförmiger Sauerstoff in der Atmosphäre anreichern. Eben dieses war ein geochemisches Großereignis, das aber durch *Lebewesen* verursacht wurde!

Völlig andere Großereignisse, die der Planet Erde erlebt, besser gesagt erlitten hat, wurden durch die erwähnten astronomischen Großstörungen ausgelöst, deren genaue Abläufe die Wissenschaft noch nicht voll enträtselt hat. Am bekanntesten ist der bereits genannte große Meteoriteneinschlag vor etwa 66 Millionen Jahren.[49] Dieser hat die Atmosphäre völlig durcheinandergewirbelt und wohl auch die Erdoberfläche schwer beschädigt. Gewinner dieser Katastrophe waren eben nicht die Saurier, sondern die aus kleinen Reptilien hervorgegangenen Vögel und Säugetiere sowie die Insekten, die mit Blütenpflanzen eine neue Sorte der Symbiose hervorgebracht haben.

Dieses Großereignis markierte das Ende der Kreidezeit und damit des Erd-Mittelalters (Mesozoikums). Zugleich war es der Beginn der Erd-Neuzeit. Diese Erd-Neuzeit teilt man geologisch in sieben Zeiten ein: Paläozän, Eozän, Oligozän, Miozän, Pliozän, Pleistozän und zuletzt das lebensfreundliche Holozän, das vor 13.000 Jahren begann – nach der letzten Eiszeit.

49 Pincelli M. Hull et al.: On impact and volcanism across the cretaceous – Paleogene boundary. Science Medicine Geology, 2020, S. 266–272. Der von 33 Autoren getragene Artikel zeigt, dass sowohl ein gewaltiger Meteoriteneinschlag als auch weit verbreiteter Vulkanismus die Erdoberfläche vor etwa 66 Millionen Jahren für die Mehrzahl der Arten von Tieren und Pflanzen lebensfeindlich gemacht hat.

Ein anderes urzeitliches Großgeschehen ist für die heutige Klimafrage noch viel wichtiger: Vor etwa 500 Millionen Jahren lebten Pilzgeflechte (Mykorrhiza) schon an Land. Sie ermöglichten den Landgang von bis dahin nur in den Meeren lebenden Pflanzen. Die Pilzgeflechte dienten anfangs auch als „Wurzeln“ für die Pflanzen.[50] Im Laufe weiterer Millionen Jahre bildeten die Pflanzen eigene Wurzeln aus, und die Pflanzenwelt entwickelte eine große Vielfalt bis hin zu großen Bäumen. Auch Tiere kamen etwa zur gleichen Zeit an Land, lernten Luft zu atmen und entwickelten wie die Pflanzen eine große Artenvielfalt. In den entstehenden Wäldern, Buschlandschaften, Prärien und Steppen spielten und spielen die Pilzgeflechte ebenfalls eine große Rolle.

Pilzgeflechte machen mehr als ein Drittel der Lebendmasse der Böden aus. Sie nehmen große Mengen von CO_2 auf. Professorin Toby Kiers und Dr. Merlin Sheldrake[51] sagen, dass es sich um jährlich fünf Milliarden Tonnen, vielleicht bis zu 17 Milliarden Tonnen CO_2 handelt, die von den Pilzgeflechten der Erde eingesammelt werden. Aber sie warnen, dass unsere industrialisierte Land- und Forstwirtschaft dabei ist, genau diese „Klimafreunde“ massiv zu schwächen. Bis zum Jahr 2050 könnten 90 Prozent der Erdböden unseres Planeten Erde degradiert werden – ein Riesenschaden für die globale CO_2-Bilanz. Wenn 0,1 Prozent des in den Böden

50 Die riesige und komplexe Geschichte der Pilzflora schildert Merlin Sheldrake: Entangled Life. How Fungi Make Our World, Change Our Minds and Shape Our Futures., Random House, New York 2020. Deutsch: Merlin Sheldrake. Verwobenes Leben. Wie Pilze unsere Welt formen und unsere Zukunft beeinflussen, Ullstein Verlag, Berlin 2020.

51 Toby Kiers und Merlin Sheldrake.: A powerful and underappreciated ally in the climate crisis: Fungi. The Guardian, 30. November 2021. Im Internet: *www.theguardian.com/commentisfree/2021/nov/30/fungi-climate-crisis-ally*

Europas angesammelten CO_2 in die Luft geht, wäre der Klimaschaden so groß wie die jährlichen Abgase von 100 Millionen heutiger Verbrennerautos.

Ein Anthropozän, in dem die Menschen die segensreichen Funktionen der Böden und der Pilzgeflechte ignorieren sowie die biologische Vielfalt ruinieren, ist vielleicht gar nicht überlebensfähig. Alle Erdzeitalter vor dem Auftreten der Menschen verdankten ihre Robustheit den vielfältigen Symbiosen zwischen Pflanzen und Tieren und Pilzen.

Die Wirtschaft macht Treibhausgase. Wir müssen Entkopplung lernen!

Zurück zum heutigen Anthropozän und zum Klima. Wir Menschen müssen nach der merkwürdigen Gaia-Erzählung und den astronomischen Ereignissen nicht mehr denken, wir seien alleinige Verursacher, wenn der Lebensreichtum unseres Planeten schwer geschädigt wurde und wird. Aber anders als die Meteoriten, die Cyanobakterien und die Pilze haben wir den Verstand und den potenziellen Willen, falsches Verhalten zu erkennen und also eigene Schuld wahrzunehmen, schlimme Schäden zielstrebig zu vermeiden und (in Analogie zu der sauerstoffreichen Atmosphäre und zum Nutzen der Pilzgeflechte) einige günstige Eingriffe sorgfältig zu planen und auszuführen. Bloß darf das nicht Hunderte von Millionen Jahren dauern!

Genau dies ist der große Hoffnungsschimmer in dem genannten Buch von Krause und Trappe: Wenn Menschen so einzigartig waren, dass sie die ganze Erde beherrschen konnten, sollten sie auch in der Lage sein, konstruktiv die Stabilisierung des Lebens auf dem Planeten zu erleichtern. Allerdings

muss man deutlich vor der menschlichen Hybris warnen, die zu gefährlichen und überheblichen Eingriffen tendiert!
So haben wir Menschen seit Jahrhunderten das Wirtschaftswachstum immer als den großen Fortschritt wahrgenommen; erst seit wenigen Jahren haben wir die Erkenntnis gewonnen, dass eben dieses Wachstum zugleich Ursache für sehr große planetare Schäden geworden ist, insbesondere bezüglich der Klimaveränderung. Abbildung 18 zeigt dieses für die acht wichtigsten Wirtschaftssektoren.

In anderen Worten: Die globale Erwärmung ist die physikalische Folge der wachsenden Weltbevölkerung und des Pro-Kopf-Konsums der Menschheit.

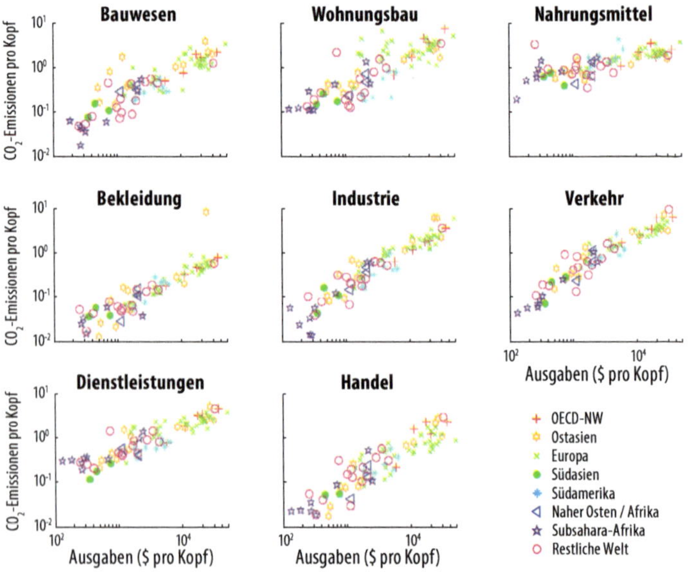

Abbildung 18: Je mehr Pro-Kopf-Beitrag zum Bruttoinlandsprodukt, steigend von links nach rechts, desto höhere CO_2-Emissionen pro Kopf (steigend von unten nach oben). Die farbigen Punkte repräsentieren Staaten, farblich nach Erd-Regionen unterschieden

Nach diesem Bild sieht es beinahe aussichtslos aus, den Wohlstand der Menschen zu steigern und gleichzeitig das Klima zu schützen. Mindestens haben wir es mit einem schweren Konflikt zu tun. Es ist völlig nachvollziehbar, dass ein großer Teil der Weltbevölkerung das Wirtschaftswachstum, das doch Wohlstand bedeutet, wichtiger findet als ernsthafte Klimaschutzmaßnahmen.

Die große zivilisatorische Aufgabe ist die Lösung eben dieses Konflikts. Das Rezept hierzu nennt man gerne „Entkoppelung", auf Englisch Decoupling. Das im Jahr 2007 von Achim Steiner, damals Exekutivdirektor des UNO-Umweltprogramms UNEP, eingerichtete Internationale Ressourcen-Panel wurde mit dem Schlagwort Decoupling auf den Weg geschickt. Abbildung 19 zeigt die Deckblätter von vier Decoupling-Berichten.

Außer dem Bericht b (Decoupling 2) beschreiben die Texte im Wesentlichen historische Befunde und technologische Chancen. Decoupling 2 hingegen bietet auch politische Überlegungen über die staatliche Rahmensetzung. Der wichtigste Ratschlag ist, die klimagefährdenden Dinge, insbesondere Fossilenergie, jährlich etwa um so viel Prozent teurer zu

Abbildung 19:
Titelblätter von „Decoupling"-Berichten, *https://www.resourcepanel.org/*

machen, wie die Effizienz im abgelaufenen Jahr zugenommen hat. Dann bleibt die monatliche Kostenlast ungefähr gleich. Da die Effizienztechnologie normalerweise bei wohlhabenderen Familien und Firmen rascher Einzug hält als bei ärmeren, sollte man einen deutlichen sozialen Ausgleich gewähren. Diese Überlegung gilt auch für eine CO_2-Steuer.

Weltbevölkerung, Biodiversität und Klima

Die rasante Vermehrung der Weltbevölkerung ist ein anderes konfliktreiches Thema. Für ein „gesundes" Anthropozän ist es ganz offensichtlich dringend nötig, das Wachstum der Weltbevölkerung zu verlangsamen, zum Stillstand zu bringen und schließlich umzukehren. Länder, in denen die Bevölkerung immer noch stark zunimmt, reagieren jedoch auf Ermahnungen von außen überaus allergisch. Vielfach herrscht auch bei jungen Familien die Besorgnis künftiger Altersarmut vor, weil es in armen Ländern kaum eine staatliche Altersvorsorge gibt. Und so kommen die Familien auf die plausible Lösung, viele Kinder zu bekommen, die sich dann später, nach den Bräuchen im Land, um ihre alternden Eltern kümmern werden. Gegen diese Dynamik könnte es hilfreich sein, Partnerschaften zwischen wohlhabenden und armen Ländern aufzubauen, die die staatliche Finanzierung der Altersvorsorge unterstützen.

Die immer noch andauernde Vermehrung der Bevölkerung bedeutet natürlich auch eine zunehmende Erschwernis für den Klimaschutz und den Erhalt der biologischen Artenvielfalt. Das liegt im Wesentlichen daran, dass die ohnehin knappen Wald- und Naturflächen immer mehr für landwirtschaftliche Zwecke vereinnahmt werden, um die zunehmende Bevölkerung zu ernähren. Der weltweit zunehmende Fleischverzehr führt auch dazu, dass immer größere Flächen für den Anbau von Pflanzen zur Tierernährung genutzt werden – und dabei ist die biodiversitätsschädliche großflächige Monokultur mit hohen Einsätzen von Agrarchemikalien und großen Landmaschinen die Regel und nicht die Ausnahme.

Auch für den Klimaschutz sind solche Flächennutzungen negativ zu bewerten, während Weideland und mooriges Land erhebliche Leistungen der Absorption von CO_2 aus der Luft erbringen.

Das Anthropozän hat sich als ein geologisches Zeitalter entpuppt, welches dem Planeten Erde dramatische Schäden zugefügt hat. Es ist dringlich an der Zeit, dass sich die Spezies Mensch darauf einigt, die Schäden möglichst wiedergutzumachen oder wenigstens die Fortsetzung der Schädigungen bewusst und beherzt einzudämmen. Unser wunderschöner Planet verdient das!

Und vielleicht ist es auch an der Zeit, das Wort Anthropozän so lange einzumotten, bis wir Menschen es wieder mit einem gewissen Stolz verwenden können. Mittlerweile stünde das Wort „Gaiazän" zur Verfügung, das Peter Finke vorgeschlagen hat.[52] Es ist als Aufforderung zur Überwindung der menschlichen Arroganz gemeint.

---

52 Peter Finke: Mut zum Gaiazän. Das Anthropozän hat versagt, Oekom, München 2022.

4. DIE ÖKONOMIE VON 1945 BIS 2045

Nachkriegszeit: die goldenen Jahre der Ökonomie

Für meine Generation, speziell in Europa, waren die Jahre von Mitte 1945 bis vielleicht 1960 die „Nachkriegszeit“. Das Wort macht auch Sinn für die nach 1960 Geborenen. Vor der Nachkriegszeit gab es in Deutschland die Schrecken des von Österreich und Deutschland ausgehenden Ersten Weltkriegs, dann die ärmlichen Zwanzigerjahre mit der Inflation von 1923, in der ein Laib Brot Millionen Mark kosten konnte, und dann die Hitlerdiktatur und den noch viel schlimmeren Zweiten Weltkrieg. Demgegenüber waren die Nachkriegsjahre zwar wieder ärmlich, aber in Westdeutschland voll von Hoffnung. „Die Amerikaner“, der wichtigste und siegreichste Kriegsgegner, halfen nach Kräften beim Wiederaufbau. Die Carepakete und der Marshallplan waren unglaubliche Geschenke. Und die Freiheit der Presse, der öffentlichen Rede, des Reisens, des Kinos waren wie ein Geschenk vom Himmel.[53]

53 Es gibt natürlich zahllose Bücher über die Nachkriegszeit. Ein mit Fotos aus der Zeit gut gefülltes Buch ist von Annette Schlapkohl und den Frauen-Geschichtswerkstätten aus Tornesch und Uetersen (Hg.): Nachkriegszeit 1945 bis 1960. Ein Rückblick mit Fotogeschichten aus Tornesch und Uetersen, Husum Verlag, Husum 2017.

Nach dem Zweiten Weltkrieg haben sich wohl alle Menschen zumindest in den vom Krieg zerstörten oder auch nur berührten Ländern danach gesehnt, wieder in Frieden zu leben und das Zerstörte wieder aufzubauen.

Dieser Wunsch konnte absolut überzeugend durch gemeinsame Arbeit für den Aufbau und den neu entstehenden Wohlstand erfüllt werden. Im westlichen Nachkriegsdeutschland gab es einen sich laufend verstärkenden Konsens, dass die Ideologien des Hitler-Faschismus sowie des Stalinismus überwunden werden müssen. Und die Alternative war – was wohl? – die Ökonomie! Die Ökonomie war auch eine Art Gegenpol zu einem Nationalismus, dessen Staatsverständnis aus dem Territorium, der Rivalität mit allen Nachbarnationen sowie der Armee bestand.

Keine drei Jahre nach der Gründung der Bundesrepublik Deutschland kamen der deutsche Bundeskanzler Konrad Adenauer und der französische Außenminister Robert Schuman im Juli 1952 in Paris zusammen, um ein *Wirtschafts*abkommen zu beschließen, die Europäische Gemeinschaft für Kohle und Stahl, die Montanunion, zuvor auch „Schuman-Plan" genannt. Was für ein gigantischer und erfreulicher Unterschied zu den Jahrhunderten der Kriege zwischen Frankreich und Deutschland!

Eine einleuchtende Grundaussage der Ökonomie wurde in jener Zeit ständig wiederholt, als Zeichen der neuen Zeit: Wenn Staaten miteinander Handel treiben, dann haben sie ein starkes ökonomisches Interesse daran, den durch den Handel gestärkten Wohlstand nicht zu gefährden durch nationalistischen Streit oder gar Krieg. Die Ökonomie als Friedensstifterin!

Die neue Denkweise machte auch Mut zur Entwicklung der „Römischen Verträge", also zur Gründung der Europäischen Wirtschaftsgemeinschaft (EWG) mit sechs Mitgliedsstaaten: (in alphabetischer Reihenfolge) Belgien, Deutschland, Frankreich, Italien, Luxemburg und den Niederlanden. Wirtschaftskooperation statt Kriege und permanente Rivalität! Abbildung 20 zeigt die feierliche Unterzeichnung der Römischen Verträge[54] – zunächst auf nur weißem Papier, weil die gedruckte Version in der Stunde der Unterzeichnung nicht im Raum auffindbar war.

Abbildung 20: Feierliche Unterzeichnung der Römischen Verträge am 25.3.1957, die zur Gründung der Europäischen Wirtschafsgemeinschaft sowie zur Europäischen Atomgemeinschaft (Euratom) führten. Konrad Adenauer: 5. Person von links in der vordersten Reihe

54 Siehe z. B. Landeszentrale für politische Bildung, Baden-Württemberg: Die Römischen Verträge. Nachkriegszeit 1945 bis 1960, Die Chronik der EU, 2017. Die Meilensteine der Union und ihre Entstehung sind in dieser Chronik dokumentiert: *www.lpb-bw.de/50-jahre-eu0*

Weitere vier Jahre später, 1961, wurde die Organisation für Wirtschaftliche Zusammenarbeit und Entwicklung, die OECD, gegründet, mit nunmehr 20 Mitgliedsstaaten (heute 38) und mit Sitz in Paris. Wieder ging es um Wirtschaft, Technologie und Rechtsangleichung – und auch um politische Koordination.

Dieses Wirtschaftsbewusstsein der Nachkriegszeit, teils schon ins Unterbewusstsein gewandert, hat der Ökonomie eine Art Heiligenschein gegeben. Die junge Generation, zu der ich damals gehörte, hatte jeden Grund, den Frieden und die Ökonomie als ein gemeinsames Projekt anzusehen und zu unterstützen. Der deutsche Wirtschaftsminister Ludwig Erhard war viel populärer als jeder andere Minister im Kabinett des ersten Bundeskanzlers Konrad Adenauer.

Die Soziale Marktwirtschaft als Gegenprojekt zum Weltkommunismus

Die EWG hatte auch eine außenpolitische Motivation und wurde darin von Großbritannien und den USA unterstützt: Bereits 1949 war die NATO als militärisches Bündnis gegenüber dem expansiv operierenden Kommunismus gegründet worden. Die vom Weltkrieg und von der von Hitler ins Grausame verführten deutschen Armee schwer gebeutelte, aber letztlich siegreiche Sowjetunion wurde nach 1945 regelrecht aggressiv. Fast alle osteuropäischen Länder, zuletzt 1948 auch noch die Tschechoslowakei, wurden von der Sowjetunion in die Rolle von Vasallenstaaten gezwungen. Und 1949 siegte der Kommunismus auch noch in China. In westeuropäischen Staaten wie Italien und Frankreich gab es starke kommunistische Parteien. Die verständliche Angstformel in Westeuropa war der Weltkommunismus.[55] Marx, Lenin, Stalin und andere sahen den Weltkommunismus als Ziel des Kommunismus. Abbildung 21 zeigt eine DDR-Briefmarke von 1953 zum 70. Todesjahr von Karl Marx mit dem damals üblichen Banner des Weltkommunismus: den Köpfen von Marx, Engels, Lenin und Stalin (später kam auch Mao Tse-tung dazu).

Abbildung 21: Die Flagge des Weltkommunismus auf einer DDR-Briefmarke, ausgegeben am 5.5.1953

Die „moralische" Kraft der kommunistischen Weltbewegung bestand vornehmlich in der Behauptung, dass in den kapitalistischen Ländern die Armen immer ärmer und die Reichen immer reicher wurden. Wollte man die Expansion des sowjetischen Ostens stoppen, musste man also beweisen, dass die kommunistische Behauptung überhaupt nicht stimmte! Eine kluge und zugleich sehr populäre Gegenwehr des freiheitlich orientierten Westens war das Konzept der „Sozialen Marktwirtschaft". Sie brachte die Produktivitätsvorteile der Marktwirtschaft mit der Grundüberzeugung der sozialen Gerechtigkeit zusammen.

55 Iring Fetscher: Von Marx zur Sowjetideologie. Darstellung, Kritik und Dokumentation des sowjetischen, jugoslawischen und chinesischen Marxismus, Verlag Moritz Diesterweg, Frankfurt am Main 1975.

Die nach dem Krieg neugegründete Christlich Demokratische Union (CDU) verabschiedete in der Britischen Zone Westdeutschlands schon im Jahr 1947 das „Ahlener Programm“ unter dem Motto „CDU überwindet Kapitalismus und Marxismus“.[56] Dieses Programm baute klar auf der katholischen Soziallehre auf.

Eine Steuerprogression für die Umverteilung von oben nach unten war einer der Kernsätze der Sozialen Marktwirtschaft in allen Staaten, die sich 1957 zur EWG zusammenschlossen. Aber sie fand unter anderen Bedingungen schon früher in den USA statt. Dort wurde unter dem „linken“ Präsidenten Francis D. Roosevelt in den 1930er-Jahren, als Stalin schon die Sowjetunion regierte, der Grenzsteuersatz für Spitzenverdiener von 25 auf 75 Prozent angehoben. Und im Kalten Krieg lag sie unter dem republikanischen (!) Präsidenten Dwight D. Eisenhower bei 90 Prozent (Abbildung 22)!

Abbildung 22: Von etwa 1940 bis 1963 lag der der Spitzensteuersatz in den USA in der Gegend von 90 Prozent

56 Dokumentiert auf der Seite der Konrad Adenauer Stiftung: *www.kas.de/c/document_library/get_file?uuid=0bd1a22b-ecf9-fdf2-7390-3fb8d3312b13&groupId=252038*

Allerdings wurden die extrem hohen Grenzsteuersätze dadurch erträglich gemacht, dass es für Investitionen sehr erhebliche Steuernachlässe gab.

Die Soziale Marktwirtschaft in der EWG, die hohe soziale Glaubwürdigkeit der USA in jener Zeit, die Beendigung des Kolonialstatus der meisten verbliebenen britischen und französischen Kolonien sowie der sichtbare ökonomische Erfolg gaben dem westlichen Bündnis eine im Vergleich mit dem Weltkommunismus mehr als gleichwertige Überzeugungskraft.

Entspannung, Ölkrise und das Ende des Ost-West-Konflikts

Ein unvermeidlicher späterer Schritt war die „Entspannungspolitik". In den Entwicklungsländern, einschließlich China, herrschte Armut vor. Die Entwicklungshilfe-Almosen aus dem Norden waren weit von einer „Wiedergutmachung" der kolonialen Ausbeutung entfernt. Ohne eine massive Abrüstung konnte man keine Besserung erwarten. Im Westen wie im Osten breitete sich eine Stimmung aus, den teuren und unproduktiven Kalten Krieg endlich zu beenden. Man nannte es „Entspannung".

In den USA ist John F. Kennedy (Präsident 1961–63) die Person, mit der man den Beginn einer Entspannungspolitik verbindet. Aber die Kubakrise 1962, der Vietnamkrieg (1955–75) und die Dekolonisierung zahlreicher afrikanischer, pazifischer und karibischer Länder standen in den 1960er-Jahren im Vordergrund. Erst mit dem Amtsantritt von Willy Brandt 1969 begann eine echte Ost-West-Entspannungspolitik. Deren Erfolg trat aber erst 1989 mit dem Fall der Mauer ein. Willy Brandt durfte ihn noch erleben!

Die erwähnte Dekolonisierung führte seit den 1960er-Jahren zu einer sehr beträchtlichen Vergrößerung der Vereinten Nationen und in deren Vollversammlung zu einer klaren Mehrheit der „Entwicklungsländer". Diese Mehrheit begann, ihre Ziele zu artikulieren und durchzusetzen. Am deutlichsten wurde das im Nahen Osten. Im Oktober 1973 begannen Ägypten und Syrien den Ramadan-Krieg (in Israel Jom-Kippur-Krieg genannt) als Revanche für den „Sechs-Tage-Krieg" von Juni 1967. Die USA unterstützten Israel. Als Strafe dafür beschlossen die arabischen Ölexportländer eine plötzliche Vervierfachung der Ölpreise. Der Westen war darauf nicht vorbereitet, und es entstand eine rund sieben Jahre dauernde Wirtschaftskrise, die „Ölkrise".

Gegen Ende der 1970er-Jahre wuchs sich die Wirtschaftskrise zu einer „Stagflation" aus: Stagnation der Wirtschaft bei gleichzeitiger Inflation. Die Inflation resultierte aus den Versuchen progressiver keynesianischer Politiker, durch Staatsschulden die Konjunktur wieder anzufeuern, jedoch ohne nennenswerten Erfolg. Dieser Misserfolg wiederum trug zu einem politischen Rechtsruck bei, besonders in Großbritannien (Margret Thatcher), den USA (Ronald Reagan) und Deutschland (Helmut Kohl).

Die neuen Regierungen wollten vom „linken" Keynesianismus nichts mehr wissen und vertrauten viele Weg-Entscheidungen nunmehr den Märkten statt den Staaten an. Und sie hatten (so darf man wohl sagen) großen Dusel: Die Ölpreise sanken ab 1980 wieder in die Nähe des Niveaus von 1972 ab, weil die Ölfirmen und manche Staaten der Welt in den 1970er-Jahren emsig nach neuen Ölquellen suchten – und fündig wurden! So sprang die Konjunktur wieder an, ganz besonders in den USA. Präsident Reagan nannte das natürlich sein Verdienst. Die Ölsuche in den Jahren vorher erwähnte er kaum.

Im Ost-West-Konflikt wurden die 1980er-Jahre das Jahrzehnt der Entscheidung zugunsten des Westens. Zum Glück verlief die Niederlage des Kommunismus ohne Krieg. Das ist besonders Michail S. Gorbatschow zu verdanken, von 1985 an Generalsekretär des Zentralkomitees der Kommunistischen Partei der Sowjetunion. Er traf sich 1986 in Reykjavik mit Präsident Ronald Reagan und bot ihm zu dessen großer Überraschung an, die Mittelstrecken-Atomraketen komplett abzurüsten, bei denen die Sowjetunion einen Vorsprung hatte. Im Dezember 1987 unterzeichneten beide den INF-Vertrag, wobei INF für „Intermediate-Range Nuclear Forces", also Mittelstrecken-Atomraketen steht. Siehe Abbildung 23.

Abbildung 23: Ronald Reagan und Michail Gorbatschow nach der Unterzeichnung des INF-Vertrages am 8.12.1987

Drei Jahre später zerbrach die Sowjetunion in einem längeren Prozess, in dem die 15 ursprünglichen Sowjetrepubliken jeweils selbstständig wurden. In parallelen Prozessen sagten sich die übrigen osteuropäischen Staaten von ihren Verpflichtungen gegenüber der Sowjetunion los.

Neoliberalismus

Das Ende des Ost-West-Konflikts war ein großes Glück für Deutschland, für viele Menschen in Osteuropa und für den Frieden. Die Gefahr eines aus dem Ost-West-Konflikt hervorgehenden Dritten Weltkriegs war vorüber.

Schon in der Einführung habe ich jedoch erwähnt, dass nach dem allseits bejubelten Ende des Kalten Krieges in Westeuropa und anderen Teilen der Welt ein Übergang von der Sozialen Marktwirtschaft zum Neoliberalismus stattfand. Zwar wurde vielfach eingeräumt, dass die Soziale Marktwirtschaft ihren politischen Sieg dem Glaubwürdigkeits-Wettbewerb mit dem Kommunismus verdankte. Jedoch war es für Neoliberalismus-Vertreter noch verlockender, den Zerfall des Kommunismus zugleich als prinzipielle Schwäche des Staates zu deuten. So wurde nach 1990 die zehn Jahre zuvor praktizierte Denkweise von Margret Thatcher und Ronald Reagan in vielen Ländern und vor allem auf den Welt-Finanzmärkten mehrheitsfähig. Das aber führte zu einer massiven Schwächung des Staates und der Demokratie.

Der Neoliberalismus stützte sich auf die Denkweise der Chicagoer Schule, deren bekanntester Vertreter Milton Friedman war, der später den Ökonomie-Nobelpreis (Alfred-Nobel-Gedächtnispreis für Wirtschaftswissenschaften) bekam.

Friedman wollte die zu seiner Zeit vorhandene Übermacht des Staates in den USA überwinden. Während des Kalten Krieges hatte der US-Staat begreiflicherweise versucht, mit der *Staatsmacht* der Sowjetunion zu konkurrieren. Friedman aber sah, dass amerikanische Unternehmer unter der hohen Steuerlast (siehe Abbildung 22) litten und dass der Erfindungsreichtum der Unternehmer und ihrer Ingenieure dadurch eingeschränkt war.

Die Chicago-Schule hatte schon viel früher politische Anhänger. Als Chile nach dem Militärputsch 1973 gegen den sozialistischen Präsidenten Salvador Allende von General und Diktator Gustavo Pinochet regiert wurde, holte sich dieser mehrere „Chicago Boys" aus den USA und startete mit ihnen eine systematische Privatisierung zahlreicher Staatsunternehmen, schaffte Preiskontrollen ab, vereinheitlichte die Wechselkurse, senkte Zölle und Staatsausgaben, ließ den öffentlichen Devisenhandel zu, öffnete den Markt für Importgüter und wandelte das Rentensystem in individuell finanzierte Sparguthaben um – das beschreibt Alberto Montaner.[57] Viele dieser Schritte trugen zu einem beträchtlichen Wirtschaftsaufschwung bei, besonders im Vergleich mit anderen lateinamerikanischen Staaten. Aber auch Montaner kritisiert Pinochets Diktatur und die Vernachlässigung sozialer Gerechtigkeit. Und die Wahl des linken Kandidaten Gabriel Boric im Dezember 2021 scheint ein Indiz dafür zu sein, dass das Volk dem Milton-Friedman-Dogma nicht mehr folgt.

In vielen Ländern, insbesondere in den USA, lässt sich feststellen, wie die ökonomische Wende von 1980 und deren

57 Carlos Alberto Montaner: Die chilenische Erfolgsgeschichte. Übersetzung aus dem Spanischen, DIE WELT, 06.01.2005. Im Internet: *www.welt.de/print-welt/article362196/Die-chilenische-Erfolgsgeschichte.html*

Fortsetzung nach 1990 den alten kommunistischen Vorwurf bestätigte, dass im Kapitalismus die Reichen reicher und die Armen ärmer werden. Die Abbildungen 24 a und b zeigen einen Vergleich von USA und Westeuropa. In den USA erlebte das reichste 1 Prozent der Bevölkerung nach 1980 einen steilen Verdienstanstieg und überholte 1996 die Einkünfte der Gesamtheit der ärmsten 50 Prozent. In Westeuropa blieb die Einkommenssumme der ärmsten 50 Prozent mindestens bis 2017 fast konstant, und der Einkommensanstieg der Reichsten blieb gering.

Der jährlich erscheinende World Inequality Report ist für Kapitalismus-Kritiker eine wichtige Fundgrube.

Der wohl wichtigste Grund für die aufgehende Schere zwischen Reich und Arm dürfte die Tatsache sein, dass auf den Weltfinanzmärkten die Kapitalrendite für Unternehmen

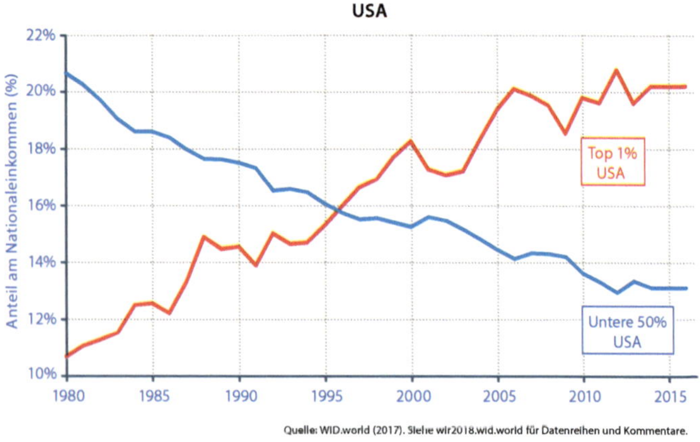

Abbildung 24a: Die rote Kurve zeigt das Einkommen des obersten 1 Prozent der US-Bevölkerung von 1980 bis 2017, die blaue Kurve das der unteren 50 Prozent

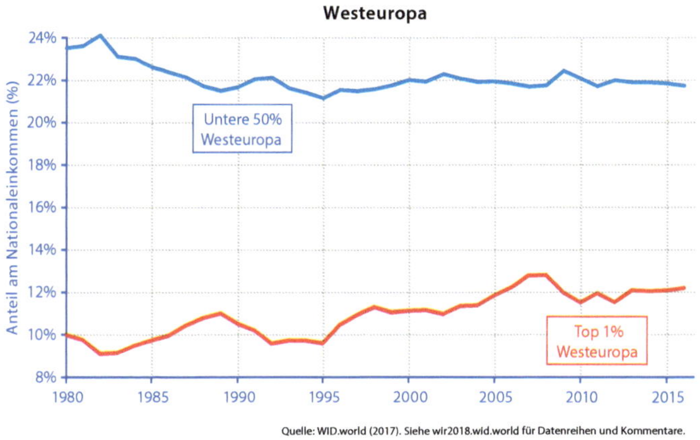

Abbildung 24b: Die rote Kurve zeigt das Einkommen des obersten 1 Prozent der westeuropäischen Bevölkerung von 1980 bis 2017, die blaue Kurve das der unteren 50 Prozent

und Investoren das ausschlaggebende Kriterium ist. Ökologische oder Menschenrechtsfragen spielen nur dann eine Rolle, wenn Kunden und Anlageberater diese Kriterien wichtig finden. Zwar betonen Firmen und institutionelle Anleger neuerdings die „Nachhaltigkeit", aber die Transparenz lässt zu wünschen übrig, weil viele Kunden die Rendite halt wichtiger finden als ein gutes Gewissen. Natürlich gibt es auch gute Qualitätsratgeber.[58]

Leider bedeutet in sehr vielen Fällen die hohe Kapitalrendite eine beschleunigte Ausbeutung von begrenzten natürlichen Ressourcen. Das ist besonders dann der Fall, wenn es um die

58 Z. B. Marco Wilkens u. Christian Klein: Welche transformativen Wirkungen können nachhaltige Geldanlagen durch Verbraucherinnen und Verbraucher haben? Gutachten für den Verbraucherzentrale Bundesverband, Berlin 2021. Im Internet: *www.vzbv.de/sites/default/files/downloads/2021/02/11/gutachten_wilkens_und_klein_nachhaltige_geldanlagen.pdf*

geschäftliche oder zivilisatorische Nutzung von Flächen geht, die bislang noch „der Natur gehören". Krass ist dieses Phänomen bei der agrarischen Expansion in die verbliebenen Reste von Primärwäldern mit ihrer hohen Biodiversität und hohen Speicherung von Kohlenstoff in Bäumen und Böden. Die finanzielle Bewertung solcher Flächen hingegen steigt mit der landwirtschaftlichen Produktivität. Hier wird die Abbildung 18 (Kapitel 3) zu wirtschaftlichem Wachstum und dadurch zunehmenden planetaren Schäden mit beschleunigtem Klimawandel besonders plausibel und auch besonders traurig.

Insofern der Neoliberalismus die permanente Landnahme legitim nennt und allenfalls durch scharfe Naturschutzregeln, etwa bei der Ausweisung von Nationalparks, gestoppt werden kann, muss man im Interesse der Natur, der Biodiversität, des Klimas und auch künftiger menschlicher Generationen eine Ökonomie entwickeln, die sich von der Tragödie der Abbildung 18 immer weiter entfernt.

Die Preise sollten ungefähr die ökologische Wahrheit sagen

Bei der Abfassung des Buches *Erdpolitik* habe ich 1989 geschrieben: „In der Theorie wird *dann* das wirtschaftliche und ökologische Optimum erreicht, wenn die *Preise* die volle wirtschaftliche und ökologische Wahrheit sagen."[59] Das war auch meine mündliche Aussage in Gesprächen über den sichtbaren Niedergang der Wirtschaft der Sowjetunion. Jeder wusste,

59 Ernst Ulrich von Weizsäcker: Erdpolitik. Taschenbuch, Wissenschaftliche Buchgesellschaft, 5. überarbeitete Auflage, Darmstadt 1997, S. 143.

dass kommunistische Länder gern die ökonomische Wahrheit verschwiegen, und das würde zu einer üblen Verschwendung von Ressourcen führen. Aber ich sagte dann den Freunden mit marktwirtschaftlichen Überzeugungen auch gerne, dass der Kapitalismus zusammenbrechen könnte, wenn er den Preisen nicht erlaube, die *ökologische* Wahrheit zu sagen.

Aus dieser kaum bestreitbaren Erkenntnis zog ich die Schlussfolgerung, dass man eine aktive Verteuerung des Naturverbrauchs durchsetzen sollte. Dies würde dazu führen, dass diejenigen Wirtschaftstreibenden am besten dastehen, die die Naturschätze schonen. Und wenn sie die Schätze wirklich benötigen, würden sie die Nutzungseffizienz optimieren. Verlierer wären diejenigen, die die Ressourcen verschleudern. Und damit sozial Schwache nicht zu den Verlierern zählen, muss ein Sozialbonus eingebaut werden.

An welcher Stelle eine direkte Bepreisung – etwa der CO_2-Emissionen – die beste Wahl ist, und wo man durch handelbare Nutzungslizenzen besser vorankommt, war und bleibt für mich nachrangig. Aber um der Langfrist willen wäre mir die direkte Bepreisung mit langsam ansteigenden Sätzen, die man auf zehn oder zwanzig Jahre festlegen könnte, am liebsten. Der Lizenzenhandel hat eine große Schwäche: Mit Lizenzen kann man so schön spekulieren, dass die Nutzer von Energie oder mineralischen Ressourcen oder Landflächen ständig mit fluktuierenden Preissprüngen zu kämpfen haben können.

Der Club of Rome: Von den „Grenzen des Wachstums“ bis „Earth for All“

Der Club of Rome hat eine fünfzigjährige Geschichte von Publikationen hinter sich. Nach seiner Gründung im Jahr 1968 ließ er ein amerikanisches Team unter der Leitung von Donella und Dennis Meadows eine Analyse über das Wachstum in einer begrenzten Welt entwickeln. Das Resultat war das 1972 erschienene Buch *Die Grenzen des Wachstums.*[60] Es wurde ein Weltbestseller. Etwa 30 Millionen Exemplare wurden in allen wichtigen Sprachen verkauft. Das berühmteste Bild im Buch zeigt die Abbildung 25.

Das Buch war ein Schock! Schockierend war vor allem die Befürchtung, dass die natürlichen Ressourcen (grüne Kurve) innerhalb eines Jahrhunderts zur Neige gehen würden und dass im Gefolge Nahrung (gelb) und Industrieprodukte (grau) sehr knapp würden. Allerdings war das Bild als Modell gedacht. Im Text wurden Bedingungen gezeigt, wie man bei besserer Technologie und Politik und besserem Verhalten solche Abstürze vermeiden könnte. Das „World3“-Modell enthielt übrigens eine Reihe von Fehlern. Insbesondere wurden die gegenseitigen Abhängigkeiten der fünf im Bild sichtbaren Parameter fälschlich als unveränderlich angenommen.

In einem neueren Bericht an den Club of Rome mit dem Titel *Wir sind dran*[61] wurden solche Fehler sichtbar gemacht. Außerdem wurden Vorschläge für viele Politikbereiche und

60 Donella Meadows, Dennis Meadows, Jorgen Randers, William Behrens III.: Die Grenzen des Wachstums. Bericht des Club of Rome zur Lage der Menschheit, aus dem Amerikanischen von Hans-Dieter Heck. Deutsche Verlags-Anstalt, Stuttgart 1972.

61 A.a.O., besonders S. 39–42 und Teil 3, S. 194–377.

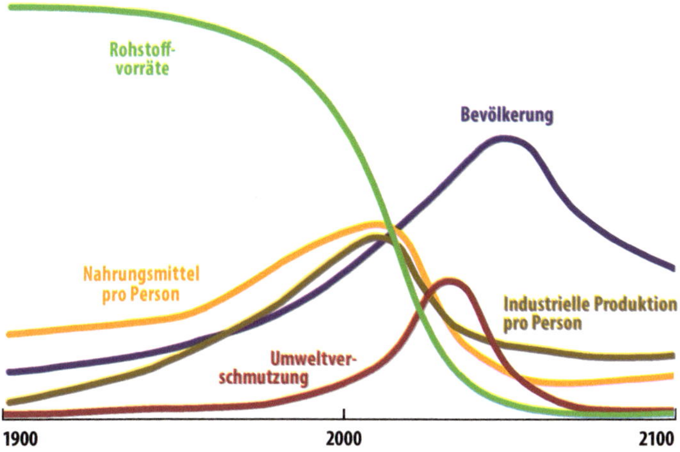

Abbildung 25: Das Standardmodell aus „Die Grenzen des Wachstums". Die Schocks: Die Ressourcen gehen zuende (grüne Linie), die Nahrung wird knapp (gelbe Linie), und im Gefolge bricht die zuvor viel zu schnell gewachsene Weltbevölkerung zusammen (blaue Linie)

die Ökonomie gemacht, einschließlich der Finanzmarktkontrolle und der Steuerpolitik. Teil 2 des Berichts enthält die kühne Forderung nach einer „neuen Aufklärung", die ich in Kapitel 6 des jetzigen Buches aufgreife.

Der nächste Schritt des Club of Rome ist das für Mitte 2022 geplante Buch „Earth for All"*[62]. Dieser Bericht enthält ein sehr weitgehendes Umverteilungsprogramm. Fünf große Umschichtungen (Turnarounds) werden gefordert mit den Titeln Armut, Kräftigung (Empowerment), Gleichheit, Energie und Nahrung (vgl. Abbildung 26). Die Sorge über die weitere Vergrößerung der Weltbevölkerung wird im Kontext des „Empowerment" von

62 The Club of Rome. „Earth for All". Hauptautoren Per Espen Stoknes, Jørgen Randers, Sandrine Dixson-Declève u.a. S. im Internet: *www.clubofrome.org/impact-hubs/reframing-economics/new-initiative-on-transformational-economics-earth4all-launched/*

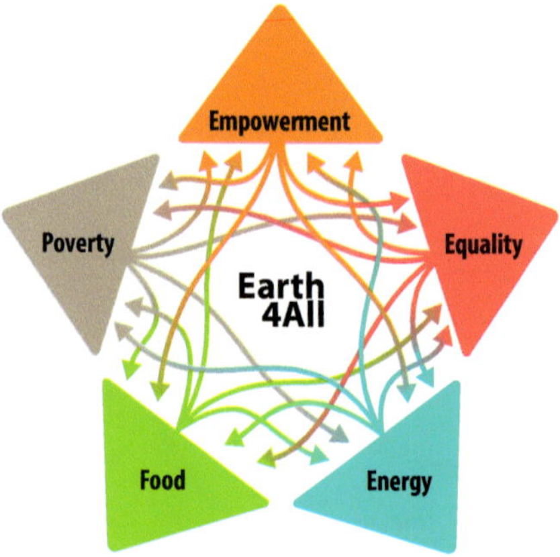

Abbildung 26: Die fünf Säulen der weltweiten Umschichtung mit der Zielsetzung der Überwindung der Nord-Süd-Ungerechtigkeit und der Männer-Frauen-Ungerechtigkeit

Frauen angesprochen. Die Klimafrage läuft unter Energie und die biologische Vielfalt unter Nahrung bzw. Landwirtschaft. Die ökologischen Besorgnisse werden also adressiert, aber mit teilweise recht einfachen Postulaten wie „alles elektrifizieren" und „vegetarisches Fleisch" bedacht.

Die Sorge um die Grenzen des Wachstums hat weniger Gewicht als die Gerechtigkeit unter Menschen und unter Kontinenten (das heißt im Klartext: Der Wohlstand in Afrika oder im „Süden" soll dem des „Nordens" angeglichen werden). Man darf annehmen, dass die Publikation des Earth for All-Berichtes das Image des Club of Rome verändern wird.

Für eine transformative Ökonomie gibt es (natürlich) eine ganze Anzahl von Konzepten. Sie hier auszubreiten oder auch nur aufzuzählen ist nicht die Aufgabe eines Nicht-Ökonomen. Ich erwähne lediglich einige im deutschen Sprachraum bekannte Beispiele: Christian Felber: Gemeinwohl-Ökonomie[63]; WeQ-Institute: Wettbewerbsneutral[64]; Jeremy Rifkin: Kollaboratives Gemeingut[65]; Michael Braungart: Cradle to Cradle.[66]

---

63 Christian Felber: Gemeinwohl-Ökonomie. Komplett aktualisiert. Piper, München 2021.

64 Georgios Zervas u. Peter Spiegel: Wettbewerbsneutral. Wirtschaft neu gestalten als Stakeholder-Economy (Diskussionsausgabe) 2022.

65 Jeremy Rifkin: Die Null-Grenzkosten-Gesellschaft: Das Internet der Dinge, kollaboratives Gemeingut und der Rückzug des Kapitalismus. Campus, Frankfurt 2014.

66 Michael Braungart und William McDonough (Hg.): Die nächste industrielle Revolution: Die Cradle-to-Cradle-Community. Europäische Verlagsanstalt, Hamburg 2008.

5. KLIMA-AUSSENPOLITIK

Klimapolitik als reine Innenpolitik macht wenig Sinn

Beim Bundestagswahlkampf 2021 entstand der Eindruck, als gehe es beim Klimaschutz fast ausschließlich um die Frage, wie nahe Deutschland an die Emissionsminderung herankommt, die man braucht, wenn man das 1,5°C-Ziel ernst nimmt. In Anbetracht der Tatsache, dass die deutschen Treibhausgasemissionen etwa ein Fünfzigstel der weltweiten Emissionen ausmachen, ist diese auf Deutschland fokussierte Sichtweise physikalisch problematisch. Sie ist natürlich politisch und technologisch notwendig, um zu zeigen, dass sich Klimaneutralität und hoher Wohlstand vertragen, aber die Erdatmosphäre kümmert sich um dieses Fünfzigstel herzlich wenig.

Klima-Außenpolitik oder Klima-Weltpolitik ist unerlässlich. So hat es auch unsere Außenministerin Annalena Baerbock gesagt. Sie unterstrich dies durch die Berufung der bisherigen Greenpeace-Geschäftsführerin Jennifer Morgan zur Sonderbeauftragten für Klimaschutz im Auswärtigen Amt. Deutschland muss sich dringlich darum kümmern, es den Emittenten in anderen Ländern schmackhaft zu machen, ihrerseits das 1,5°C-Ziel ernst zu nehmen. Abbildung 1 (Einführung) enthielt ja die erschreckende Botschaft, dass, überprüft im Jahr 2019, eigentlich nur Europa das 1,5°C-Ziel ernst genommen hat! Die zwei wichtigsten außenpolitischen Aufgaben sind:

1. Mithelfen, dass Entwicklungsländer mit der Anpassung an die Klimaveränderung zurechtkommen und dass sie finanziell belohnt werden für die Minderung ihrer eigenen Treibhausgasemissionen.

2. Vorführen, dass wirtschaftlicher Wohlstand und Klimaschutz sich gegenseitig vertragen können.

Klimaneutrale Verbrenner

In Deutschland streben wir außer dem Kohleausstieg an, dass der öffentliche Verkehr entscheidend verbessert wird, an vielen Stellen die motorisierte Mobilität generell abnimmt und die ganze Pkw-Flotte auf Elektroautos umgestellt wird. Wir wissen auch, dass das Elektroauto energetisch effizienter ist als „der Verbrenner" – so nennen wir heute gerne das Benzin- oder Dieselauto. Nun fahren aber auf der Welt mehr als eine Milliarde „Verbrenner"-Pkw. Da erhebt sich die Frage, wie viele der Eigentümer dieser Autos bereit wären und es sich leisten können, ihren Verbrenner zu verschrotten und dafür ein E-Auto zu kaufen oder zu leasen oder ganz auf das eigene Auto zu verzichten. Man muss schon sehr optimistisch sein, wenn man das 20 Prozent der Eigentümer weltweit zutraut, selbst wenn es in Deutschland durch gesetzliche Vorschriften 100 Prozent werden sollten.

Die Antwort auf diese traurige Wahrheit ist aber nicht, alles beim Alten zu lassen und das Klima zu ruinieren, sondern endlich den *klimaneutralen Verbrenner* herzustellen. Genau genommen geht es um den klimaneutralen *Treibstoff* für den Verbrenner. Denn nicht der Motor schadet dem Klima, sondern das Verbrennen des fossilen Treibstoffs. Will man die Klimaziele im Transportsektor erreichen, dann muss man beide Technologien so schnell wie möglich hochfahren: die Elektromobilität *und* die klimaneutralen Treibstoffe für Verbrenner. Die gute Nachricht ist, dass die zwei wohl wichtigsten Autokonzerne, Toyota und Volkswagen, mit großer Zielstrebigkeit die Elektrifizierung vorantreiben, was auch China und Entwicklungsländer, deren Autohersteller und -händler beeindruckt. Unterbelichtet ist das Thema klimaneutrale Verbrenner.

Die zu entwickeln ist nicht so schwierig, wie manche denken. Abbildung 10 (Kapitel 1) zeigt, dass man in Sonnenländern die Kilowattstunde PV-Strom für einen Eurocent herstellen kann. Je nach Standort und Anlage kann man damit das Energieäquivalent an „grünem Wasserstoff" heute für etwa acht bis zehn Eurocent herstellen,[67] im Jahr 2030 vielleicht für die Hälfte. Wenn man diesen Wasserstoff mit CO_2 verbindet, erhält man eine flüssige Chemikalie, genannt Methanol. Über diesen Weg wird CO_2 vom klimaschädlichen Abfallprodukt zum Rohstoff und zum Ausgangpunkt für eine Kohlenstoff-Kreislaufwirtschaft. Das Abfangen von CO_2 aus den Schornsteinen kann (solange es noch Schornsteine und Auspuffrohre gibt) für etwa 60 Euro pro Tonne gelingen.[68]

---

67 Hydrogen Council/McKinsey & Company: Hydrogen Insights. Brüssel 2021. Im Internet: *https://hydrogencouncil.com/en/hydrogen-insights-2021/* sowie Hydrogen for Net-Zero. Brüssel 2021 *https://hydrogencouncil.com/en/hydrogen-for-net-zero/*

68 Mahdi Fasihi, M. et al: Techno-economic assessment of CO_2 direct air capture plants, Journal of cleaner Production 224/2019, S. 959-980. Im Internet: *www.sciencedirect.com/science/article/pii/S0959652619307772* und David W. Keith et al.: A Process for Capturing CO_2 from the Atmosphere, Joule 2/2018. Im Internet: *www.sciencedirect.com/science/article/pii/S2542435118302253*

CO_2 aus der Luft zu filtern ist um einiges teurer wegen der geringen Konzentration im Vergleich zum Schornstein.[69]

Hat man den grünen Wasserstoff produziert, ist er allerdings schwierig zu transportieren. Durch die Verbindung mit CO_2 zu Methanol wird das aber einfach. Auch Ammoniak (NH_3) wird als praktischer Wasserstoffträger geschätzt. Man braucht viel weniger teure neue Infrastruktur wie Pipelines und Tanks zur Speicherung. Methanol kann man als Benzinersatz in den Verbrenner einfüllen und damit fahren, mehr als halb so weit pro Liter Treibstoff wie mit Benzin (welches eine höhere Energiedichte hat als Methanol). Praktisch funktioniert das bereits, wie ein Blick nach China zeigt: Dort wird Methanol dem regulären Benzin in beträchtlichen Mengen beigemischt. Allerdings wird das chinesische Methanol nicht aus erneuerbarer Energie, sondern aus Kohle hergestellt, um Devisen für den Ölimport zu sparen, und ist deswegen überhaupt nicht klimaneutral.

Abbildung 27 zeigt den genannten klimaneutralen Ablauf auf Basis von PV-Strom in drei Schritten.

Klimapolitisch macht das „Methanolauto" hauptsächlich Sinn in Ländern, wo die radikalere deutsche Strategie nicht durchsetzbar ist. International macht es Sinn, in sonnenreichen Ländern grünen Wasserstoff herzustellen, sowohl für den dortigen Eigenbedarf wie für den Export. Wieweit der grüne Wasserstoff oder synthetische Stoffe wie Methanol oder Ammoniak verwendet oder exportiert werden, muss nicht sofort entschieden werden. Für Deutschland kann es aus Kosten-

---

69 Dominik Heß, Michael Klumpp, Roland Dittmeyer: Nutzung von CO_2 aus Luft als Rohstoff für synthetische Kraftstoffe und Chemikalien, Karlsruhe Institute of Technology 2020. Im Internet: *https:// vm.baden-wuerttemberg.de/fileadmin/redaktion/m-mvi/intern/Dateien/PDF/29-01-2021-DAC-Studie.pdf*

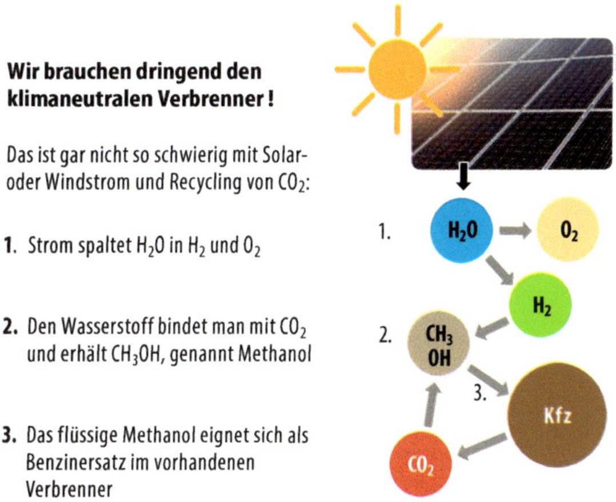

Abbildung 27: Klimaneutraler Verbrenner: Autotreibstoff aus Sonne und Wind – und CO_2

gründen sinnvoll sein, einen nennenswerten Teil der klimaneutralen Treibstoffe zu importieren, etwa für die Stahlindustrie. Wir könnten mindestens die Hälfte der dadurch bei uns eingesparten CO_2-Steuer den Sonnenländern überlassen.

Saudi-Arabien produziert in seinem neuen supermodernen Neom-Gebiet am Roten Meer bereits täglich etwa 650 Tonnen grünen Wasserstoff und plant, diese Energie in grünes Ammoniak zu verwandeln, um es als möglichen Treibstoff für große Ozeanschiffe zu verkaufen. (Bisher setzen die Saudis vor allem auf „blaues" Ammoniak, das unter Verwendung von Erdgas gewonnen wird und klimapolitisch sehr unbefriedigend ist.) Wie schon gesagt, muss beim Ammoniak sehr darauf geachtet werden, dass der Stickstoff nicht als Lachgas (Distickstoffmonoxid N_2O) frei wird, weil dieses pro Molekül eine fast 300-fach höhere Treibhausgaswirkung hat als CO_2.

An der ETH Zürich (und auch anderswo) gibt es Anstrengungen, an geeigneten Stellen der Welt, etwa in sonnenbeschienenen Wüsten, klimaneutrale Treibstoffe wie Methanol, aber auch Kerosin für den Luft- und Seeverkehr herzustellen.[70] Dabei wird das CO_2 meist aus der Umgebungsluft gewonnen. Noch sind die Preise für den Großeinsatz zu hoch.

Wuchtige Klima-Außenpolitik: der Budget-Ansatz

Wenden wir uns nun den internationalen Strategien zur raschen und bezahlbaren Überwindung der Klimaerwärmung zu. Das Hauptproblem ist, dass, während wir in Deutschland die Klimaneutralität bis 2045 oder noch früher erreichen wollen, weltweit die Nutzung von fossiler Energie immer noch fast uneingeschränkt weitergeht. Für die gewünschte Erreichung des 1,5°C-Ziels bis 2050 müssen jedoch alle Länder mitmachen. Und die Mehrzahl der Entwicklungsländer kann sich das nicht leisten!

Wir müssen also ganz dringend eine Strategie fahren, die die Entwicklungsländer in Sachen Klimaschutz ins Boot holt. Hierfür haben zwei Inder, Anil Agarwal (1947–2002) und Sunita Narain, schon 1991 eine überzeugende Idee entwickelt.[71] Sie schlugen vor, jedem Menschen auf der Erde die gleiche Lizenz zur Emission von CO_2 und anderen Treibhausgasen zuzuteilen. Für reiche Länder hieße das Verzicht, für

---

70 Remo Schäppi et al.: Drop-in Fuels from Sunlight and Air. Nature, vol. 601, London 2022, S. 63–68.

71 Anil Agarwal und Sunita Narain: Global Warming in an Unequal World. A Case of Environmental Colonialism. Centre for Science and Environment, New Delhi 1991. Im Internet: *https://oxford.universitypressscholarship.com/view/10.1093/oso/9780199498734.001.0001/oso-9780199498734-chapter-5*

arme Länder mehr Wohlstand. Aber viele reiche Länder, allen voran die USA, lehnten solche Vorschläge sofort ab. Auch Russland und viele Entwicklungsländer einschließlich China fanden die Idee nicht gut. Russland, weil seine Wirtschaft stark von fossiler Energie abhängt, und die Entwicklungsländer, weil die Agarwal-Narain-Idee die historische Dimension außer Acht ließ: Die alten Industrieländer hatten ja ihre energieintensive Infrastruktur längst aufgebaut und bräuchten daher heute selbst *pro Kopf* weniger Lizenzen als die Entwicklungsländer.

Ein für Entwicklungsländer gerechteres Vorgehen wäre der international auszuhandelnde Budgetansatz.[72] Diesen hat der Wissenschaftliche Beirat Globale Umweltveränderungen (WBGU) im Jahr 2009 ausgearbeitet, in der Hoffnung, dass Deutschland ihn bei der damals anstehenden Klima-Vertragsstaatenkonferenz in Kopenhagen (COP15) vortragen und durchsetzen könnte.

Der Budgetansatz ging oder geht folgendermaßen: Die Wissenschaft kalkuliert die Menge der noch erlaubten Treibhausgasemissionen, umgerechnet auf Megatonnen CO_2, unter der Bedingung, dass sich die atmosphärische Temperatur um nicht mehr als 2°C oder auch 1,5°C gegenüber vorindustrieller Zeit erhöht. Diese Menge ist das „Budget". Dann erhalten alle Länder der Welt ein pro Kopf gleichgroßes Anrecht auf Emissionen.

Aber dann hätten die alten Industrieländer ihre Anrechte oder Lizenzen beinahe schon aufgebraucht, weil sie ja bereits seit 200 Jahren massenhaft Kohle verbrennen. Wenn sie wei-

72 WBGU: Sondergutachten Kassensturz für den Weltklimavertrag – Der Budgetansatz. Berlin 2009. Im Internet: *www.wbgu.de/fileadmin/user_upload/wbgu/publikationen/sondergutachten/sg2009/pdf/wbgu_sn2009.pdf*

terhin Treibhausgase emittieren wollen, müssten sie sehr bald bei den Entwicklungsländern anklopfen und um neue Lizenzen bitten. Hieraus würde sich ein Lizenzenhandel ergeben; siehe Abbildung 28. Der ausgehandelte Preis würde umso höher ausfallen, je näher man dem weltweiten Budgetlimit käme.

Mit dem Preis würde sowohl im „Norden“ als auch im „Süden“ der Anreiz zur Verminderung der eigenen Emissionen jährlich zunehmen. Also würde sich frühes Handeln beiderseits wirtschaftlich kräftig lohnen, ganz anders als heute, wo man sich fast immer so verhält, als sei faules Zuwarten wirtschaftlich am besten!

Das spannende Merkmal dieses Budgetansatzes ist folgendes: Zum ersten Mal in der Geschichte würde ein Entwick-

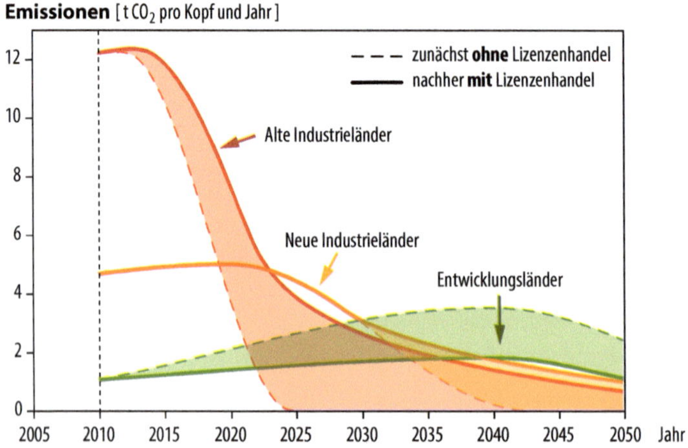

Abbildung 28: Der „Budgetansatz“: Reiche Länder (rot) haben ihre Budgets der CO_2-Emissionen fast erschöpft. Die gestrichelten Linien zeigen die Budgetentwicklungen vor dem Handel. Die Entwicklungsländer (grün) hätten einen Überschuss an Lizenzen und könnten einige davon an die reichen Länder verkaufen. Die neuen Industrieländer (gelb) können auch Lizenzen kaufen, sobald ihr Budget auf Null geschrumpft ist

lungsland, das vor der Entscheidung steht, ein Kohlekraftwerk zu errichten, nicht automatisch mit dem Bau beginnen, sondern erst einmal eine Kosten-Nutzen-Analyse für die zwei Optionen durchführen: Bauen oder Nicht-Bauen. Hohe Preise für CO_2-Lizenzen würden den Nicht-Bau verlockend lukrativ machen. Nach der in Abbildung 10 (Kapitel 1) gezeigten sensationellen Verbilligung der Photovoltaik könnte sich die Waage rasch der Option Nicht-Bau zuwenden – und das aus rein wirtschaftlichen Gründen. Vielleicht kann die Verbilligung von PV und Windkraft auch ohne den Budgetansatz ausreichen, viele Entwicklungsländer zum Ausstieg aus den Fossilenergien zu bewegen, aber die Übergangszeit wäre noch viel zu lang!

Bei der UN-Klimakonferenz in Kopenhagen 2009 waren die erneuerbaren Energien noch teuer, also nicht allzu attraktiv. Und die Staaten, deren Wirtschaft noch stark auf den Verkauf und die Nutzung fossiler Brennstoffe angewiesen war, darunter Russland, Polen, Saudi-Arabien, aber auch Indien, China, Kasachstan, Kolumbien und Südafrika, wollten beim Budgetansatz einfach nicht mitmachen. So verschwand die Idee erst mal wieder in den Schubladen.

Inzwischen kommt jedoch das Denken in Richtung des Budgetansatzes wieder in Gang, wie es auch bei der COP26 in Glasgow zu spüren war. Deutschland könnte jetzt mit geeigneten Ländern des Nordens und des Südens den in der Koalitionsvereinbarung von Dezember 2021 geplanten „Klima-Club“ so gestalten, dass man das Grundprinzip des Budgetansatzes akzeptiert. Einige Details müssten so ausgehandelt werden, dass es insbesondere im Süden nur Gewinner gäbe. Und alle Club-Mitglieder müssten einen Rahmen schaffen, der den technologischen und infrastrukturellen Strukturwandel zur klimaneutralen Wirtschaft deutlich beschleunigt. Wenn ein solcher Club zum Vorbild wird, würden manche der übrigen Länder auf einmal neidisch auf die Klimapioniere schauen und um Aufnahme in den Club bitten. Oder sie würden mit „unserem" Club zusammen bei der nachfolgenden COP eine weltweite Einigung ermöglichen.

Eine weitere Bewegung in Richtung internationaler Klimapolitik spielt sich bei der Welthandelsorganisation WTO ab. Die seit März 2021 amtierende nigerianische Generaldirektorin Ngozi Okonjo-Iweala sagt: „Die direkteste Lösung wäre ein globaler CO_2-Preis gemessen an dem Pariser Klimaabkommen. Das würde helfen, unsere gemeinsamen Klimaziele zu erreichen und würde in die grenzüberschreitenden Geschäfte Stabilität und Fairness bringen."[73] Das könnte die Lösung für das heikle Thema „Carbon Border Adjustment Mechanism" (Kohlenstoff-Grenzausgleichs-Mechanismus) bringen.

Eine dritte, aber mit dem Gesagten durchaus verträgliche Idee für die Welt-Klimapolitik hat Dirk Fust vorgeschlagen: die Einrichtung einer Global Climate Organization (GCO)[74]. Sie definiert ein tragfähiges Klimaziel und entwickelt ein Instrument, das diese Vorgabe wirksam umsetzen soll. Im Kern besteht es aus einem auf das Ziel ausgerichteten CO_2-Emissionshandel, welcher auf Händler und Produzenten von Kohle, Öl und Erdgas beschränkt wird. Die GCO reduziert die Neuausgabe von Lizenzen jährlich so, dass das Klimaziel erreicht wird.

---

73 Ngozi Okonjo-Iweala: Adopting a global carbon price is essential. Financial Times, 14.10.2021. Im Internet: *www.ft.com/content/b0bcc93c-c6d6-475e-bf32-0d10f71ef393*

74 Dirk Fust: Ein neuer Weg aus der Klimakrise. Mutig, Machbar, Marktkonform. Oekom, München 2021.

Die Idee des Klima-Clubs ist zwar Klima-Außenpolitik, aber sie verlangt auch, dass wir als eines der in Sachen Klimaschutz ehrgeizigen Länder hart arbeiten, damit sich wirtschaftlicher Wohlstand und wirksamer Klimaschutz gut miteinander vertragen. Das ist die von der Ampelkoalition ausdrücklich begonnene innenpolitische Strategie.

Deutschland muss jedoch auch dafür sorgen, dass andere EU-Länder mitziehen, am besten Club-Mitglieder werden. Denn kein europäisches Land hat eine echte Chance, als isolierter Nationalstaat mit den USA und China technologisch-wirtschaftlich Schritt zu halten. Eine strategische Antwort hierauf ist nicht nur die bessere technologische Koordination im weiter zusammenwachsenden EU-Wirtschaftsraum. In den USA und Europa gibt es zunehmend Stimmen, die für eine engere transatlantische Kooperation in Sachen Technologie und gemeinsame Standards plädieren. Denn die Gefahr ist zu sehen, dass China sich zum globalen Standard-Geber aufschwingt.[75]

Die ironischerweise noch beste Chance für kleine Nationalstaaten, ökonomisch Schritt zu halten, hat nichts mit Technik zu tun, sondern ist die ans Kriminelle grenzende Steueroasenpolitik. Großbritannien erlebt aber trotz seiner Steueroasen (Jungferninseln, Kaimaninseln, Bermuda und Kanalinseln) nach dem Brexit eine wirtschaftliche Enttäuschung nach der

---

75 Z. B. Eberhard Sandschneider: Der Wettlauf um globale Standards. In: Der Mittelstand 6/2021, S. 28-29. Oder: Robert D. Atkinson: Boosting Transatlantic Technology Cooperation. The EU and the U.S. need to address the real technology competitiveness challenge, which is China. Rockville, MD: The Globalist, Rockville, MD, 29.11.2021. Im Internet: *www.theglobalist.com/boosting-transatlantic-technology-cooperation/*

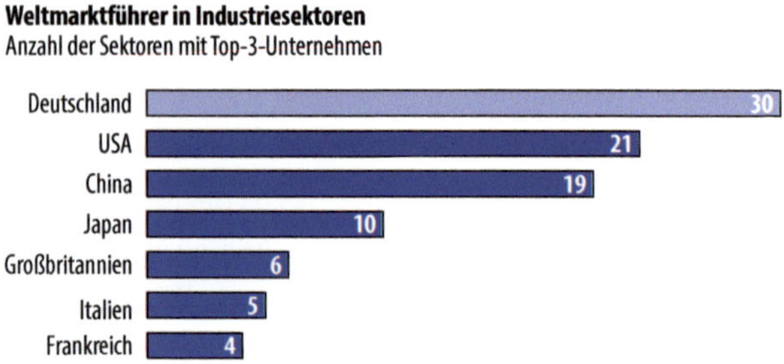

Abbildung 29: Deutschland ist bekannt für seine Weltmarktführer

anderen. Der Zeitgeist geht in Richtung weltweiter Mindeststeuersätze. Aber zum Glück auch in Richtung technischer Fortschritte für Klimaneutralität.

Deutschland hat international immer noch gute Karten. Erstens will die neue Regierung die Klimaneutralität. Und zweitens gibt es bei uns angeblich (nach Abbildung 29) noch mehr Weltmarktführer als in den USA und in China. Die Corona-Krise hat neue pharmazeutische deutsche Stars sichtbar gemacht. Der Maschinenbau, die Autoindustrie mit Elektroantrieb-Fortschritten, die Industrieaufträge vieler der 75 praxisnahen Fraunhoferinstitute und die Qualität der Entwicklung erneuerbarer Energien zeigen, dass wir gut aufgestellt sind. Die Klimafreundlichkeit der Innovationslawine gedeiht in fast keinem Land besser als bei uns.

Was jedoch für die Lebensqualität und erst recht beim klimafreundlichen Strukturwandel fehlt, sind viele Infrastrukturen. Zwar gibt es eine funktionierende Abfallwirtschaft, ein brauchbares Telefonnetz, eine im Vergleich zu den USA noch akzeptable Eisenbahn. Aber es gibt Gegenden, insbesondere in Ostdeutschland, aus denen die jungen Leute wegziehen, weil ihnen die digitale Infrastruktur fehlt oder geeignete Bildungsmöglichkeiten oder Kultur oder ein akzeptables Verkehrsnetz.

Die Abfall- und Abwasserwirtschaft zählt zu den wichtigen Infrastrukturen. Hier sind Deutschland, Österreich und die Schweiz besser dran als etwa Nordamerika oder fast alle Entwicklungsländer. Jedoch ist für die Bändigung der Klimakrise auch der systematische Aufbau der Kreislaufwirtschaft erforderlich. Die Wiederverwendung von Wasser, Metallen, Brennstoffen, Phosphaten und organischen Stoffen wirkt sich sehr nützlich für die Minderung von Treibhausgasen aus.

Der immer weiter anschwellende Bedarf an Erzen und in ihnen schlummernden Metallen ist nicht nur ein Zeichen der metallurgischen technischen Entwicklung und des steigenden Konsums, sondern auch ein Zeichen für die jämmerlich niedrigen Recyclingraten. Das etwas veraltete Bild der Abbildung 30 zeigt, dass die Recyclingraten der meisten

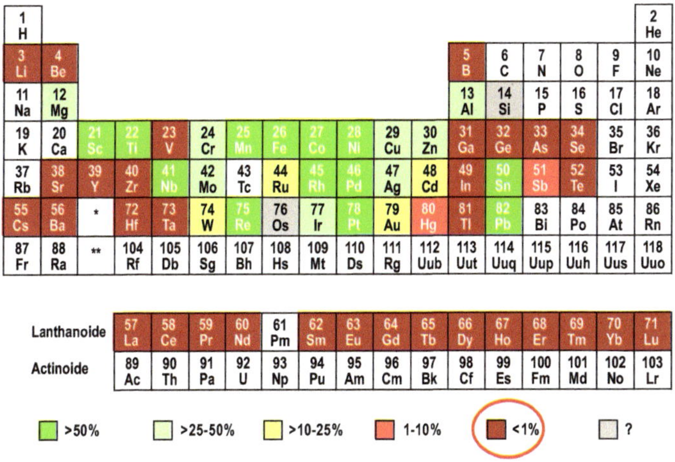

Abbildung 30: Die weltweiten Recyclingraten von Metallen im Jahr 2010. Sämtliche Seltenen Erden (Lanthanoiden) haben Recyclingraten unter einem Prozent. Nur 13 Metalle genießen Recyclingraten über 50 Prozent. Die Recyclingraten von Nicht-Metallen, von radioaktiven (also instabilen) Metallen sowie von Natrium, Kalium, Calcium und Rubidium wurden offenbar nicht gemessen.

Hochtechnologiemetalle im Jahr 2010 unter einem Prozent lagen. Die Kreislaufwirtschaft war (und ist) noch in den Kinderschuhen.

Das Bild der Recyclingraten von Metallen bezieht sich auf alle Länder der Welt. Es ist auch ein Resultat der globalen Lieferketten. Das Seltene Erden-Metall Neodym wird bevorzugt in China gefördert, endet aber häufig in Dauermagneten von nordeuropäischen Windkraftwerken. Die Wiederverwendung des Metalls ist oft teurer als die Lieferung des „frischen Metalls".

Überraschend ist die Tatsache, dass Industrierohstoffe, das sind Mineralien und fossile Brennstoffe, über 200 Jahre immer billiger geworden sind. Man könnte ja denken (wie es der Club of Rome in seinem 1972 erschienenen Buch *Die Grenzen des Wachstums* annahm), dass der ständige Verbrauch von Rohstoffen dieselben knapper und deshalb teurer macht. Abbildung 31 aus dem Jahr 2022 zeigt neben dem über 200 Jahre statistisch gesicherten Abwärts-Preistrend als Ausnahmen auch ein paar Spitzen nach oben. Die stammen aus den Jahren der beiden Weltkriege sowie den 1970er-Jahren während der Ölkrise. Der große Abwärtstrend lässt sich als technischer Fortschritt und als Skaleneffekte der geologischen Auffindung der Rohstoffe sowie ihrer Extraktion und Verschiffung erklären. Die Folge war jedenfalls, dass die noch vor hundert Jahren selbstverständliche Sparsamkeit im Umgang mit Rohstoffen einer zunehmenden Verschwendung gewichen ist.

Der für die Kreislaufwirtschaft (und damit fürs Klima) äußerst unerfreulichen Verschwendung muss an zwei Enden begegnet werden:

Erstens durch eine künstliche Verteuerung der Erzgewinnung. Bei dieser unpopulären steuerlichen Verteuerung des

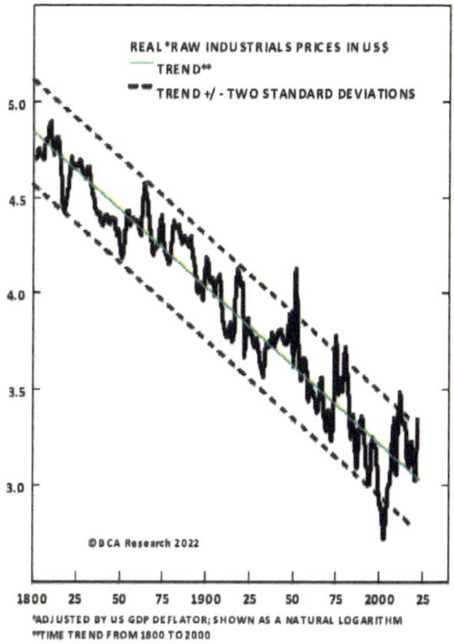

Abbildung 31: Preisentwicklung von Industrierohstoffen einschl. Fossilenergie von 1800 bis 2022

Erzabbaus sollte man die Steuererlöse den Ländern überlassen, in denen die Erze geschürft werden, das sind vornehmlich Entwicklungsländer.

Zweitens durch Forschung und Entwicklung einer Produktgestaltung, die Wartung, Reparatur, Remanufacturing[76] und Recycling vorantreibt. Eine rechtliche Methode in diese Richtung ist die lebenslange Produktverantwortung, also der Gegenpol der Wegwerfideologie. Eine Folge solcher Anstrengungen kann sehr wohl eine systematische Verkürzung der

76 Ulrike Lange: Ressourceneffizienz durch Remanufacturing – Industrielle Aufarbeitung von Altteilen. VDI Zentrum Ressourceneffizienz Publikationen, Kurzanalyse Nr. 18, Berlin 2017. Im Internet: *www.ressource-deutschland.de/fileadmin/user_upload/downloads/kurzanalysen/VDI_ZRE_Kurzanalyse_18_Remanufacturing_bf.pdf*

Lieferketten sein. Aber wäre das so schlimm? Zumindest die Verkehrsintensität würde zurückgehen.

Man könnte noch eine dritte Strategie erwägen: Das Wettbewerbsrecht könnte so verändert werden, dass ökologische Schadenserwartungen negativ ins Gewicht fallen, also den klimafreundlichen Angeboten einen Vorteil vermitteln. Die WTO (Welthandelsorganisation) und die Mehrzahl der Entwicklungsländer haben daran kaum Interesse. Bei Streitverfahren vor der WTO kann man immerhin schon argumentieren, dass bestimmte Punkte im Angebot von Konkurrenten den Anti-Dumping-Regeln widersprechen. Im deutschen und EU-Wettbewerbsrecht gibt es zudem seit ein paar Jahren einen Ansatz zur Einbeziehung von Umweltkosten im Angebot. Die Vergaberechtsreform von 2016, basierend auf der EU-Richtlinie 2014/24/EU, erlaubt genau dieses. Natürlich müssen sich solche Kosten finanziell bewerten und überwachen lassen. Bislang wird diese Möglichkeit noch kaum für den Schutz von Klima und Biodiversität genutzt.

Neue Rolle der Nationalstaaten

Der 2021 aus dem Amt geschiedene US-Präsident Donald Trump sah die Rolle des Nationalstaates prinzipiell als Rivalen gegen sämtliche andere Staaten. Das entspricht auch der Denkweise früherer Jahrhunderte. Bis 1945 war diese Staatsauffassung eine Ursache von Hunderten von Kriegen; die beiden grauenhaften Weltkriege im 20. Jahrhundert haben dann doch bei vielen ein Umdenken bewirkt.

Im Juni 1945 kamen die damals wichtigsten souveränen Staaten der Welt als die „Völker der Vereinten Nationen“ in

San Francisco zusammen und gaben sich als UNO eine Charta. Diese trat am 24. Oktober 1945 in Kraft.

Ihre Präambel beginnt mit den Worten:

„Wir, die Völker der Vereinten Nationen – fest entschlossen, künftige Geschlechter vor der Geißel des Krieges zu bewahren … und für diese Zwecke … Duldsamkeit zu üben und als gute Nachbarn in Frieden miteinander zu leben, … – haben beschlossen, in unserem Bemühen um die Erreichung dieser Ziele zusammenzuwirken."[77]

Dieser Geist muss im Verhältnis der Staaten miteinander wieder voll zur Geltung kommen, wenn es heute darum geht, die Zerstörungswucht des Anthropozäns zu beenden und die Rolle aller Staaten auf das Ziel der Kooperation auszurichten.

Die Klima-Außenpolitik muss als Klima-*Erdpolitik* von diesem Geist getragen werden. Aber genau diese Pflicht ist den Neo-Nationalisten ziemlich fremd.

Gewiss muss man den neuen Nationalisten zugutehalten, dass sie die bösen Schattenseiten der Globalisierung im Sinn haben, die ich in der Einführung im Abschnitt „Globalisierung, Schwächung der Demokratie, Nullzinspolitik" skizziert habe. Dort habe ich ja die weitgehende Machtübernahme der internationalen Finanzmärkte auf Kosten der demokratisch verfassten Nationalstaaten scharf kritisiert. Bloß ist der Rückfall in einen Nationalismus eine sehr primitive und im Effekt kontraproduktive Art des Kampfes gegen die Globalisierung der Finanz-Machthaber.

Wir dürfen uns an die UNO-Charta halten, die ja die Demokratien stärken wollte, soweit sie „als gute Nachbarn

---

77 Charta der Vereinten Nationen, Präambel, 26.01.1945. Im Internet: *https//unric.org/de/wp-content/uploads/sites/4/2020/01/charta-1.pdf*

in Frieden miteinander zu leben“ beabsichtigen. Die Klima-Erdpolitik könnte als die aktuell wichtigste Zielsetzung der Völker der Vereinten Nationen angesehen werden.

Auch die Gründung der Europäischen Wirtschaftsgemeinschaft im Jahre 1957 bedeutete einen Abschied vom veralteten Nationenverständnis. Die zur Europäischen Union gereifte Staatengemeinschaft hat ja das Wunderwerk zustande gebracht, dass nicht nur die ständigen Kriege europäischer Staaten gegeneinander aufhörten, sondern auch, dass die Mitgliedsstaaten stärker und vitaler wurden, während sie gleichzeitig Souveränitätsrechte an die Gemeinschaft, die Union, übertragen haben.

Das gemeinsame Eintreten für einen effektiven Klimaschutz dürfte für die EU eine der gewichtigsten Aufgaben der nächsten Jahrzehnte werden.

In Kapitel 7 greife ich diesen Faden wieder auf.

6.
NEUE AUFKLÄRUNG

Beginn der Neuzeit

Für uns Deutsche und für Europa war „die Aufklärung" eine große, sensationelle historische Phase. Sie war die zivilisatorische, philosophische und auch politische Kraft, die die Neuzeit vom Mittelalter abhob. Die „Entdeckung" Amerikas (1492) durch Europäer, die italienische Renaissance (z. B. Leonardo da Vinci), der Buchdruck mit beweglichen Lettern (Gutenberg), die protestantische Reformation (Luther, Calvin, Zwingli) gelten in europäischen Geschichtsbüchern als Beginn der Neuzeit. Gerne nennt man das runde Jahr 1500 als deren zeitlichen Beginn.

Von der *Europäischen Aufklärung* spricht man eher erst ab dem 17. Jahrhundert, aber die Wurzeln stammen schon aus dem 16. Jahrhundert.[78] Die Renaissance brachte damals die großartigen philosophischen und wissenschaftlichen Denkweisen und Früchte der griechischen und römischen Geschichte wieder ans Licht. Francis Bacon (1561–1626) legte den Grundstein des wissenschaftlichen Empirismus anstelle des religiösen Dogmatismus oder der dichterischen Spekula-

78 Fritz Schalk: Die europäische Aufklärung. In: Propyläen Weltgeschichte, Band 7: Von der Reformation zur Revolution, Berlin 1964.

tion. Für Winfried Schulze[79] ist die Wissenschaft der „Motor der Neuzeit", der etwa ab 1600 durch empirische Beweisverfahren, mathematische Berechenbarkeit und die Zielvorstellung wissenschaftlichen Fortschritts immer mehr Wirkung entfaltete.

Die *Encyclopédie ou Dictionnaire raisonné des sciences, des arts et des métiers* (Enzyklopädie oder ein durchdachtes Wörterbuch der Wissenschaften, Künste und Handwerke) ist die berühmteste und früheste Enzyklopädie im heutigen Verständnis. Sie entstand unter der Herausgeberschaft von Denis Diderot und Jean Baptiste le Rond, genannt D'Alembert, und sie hatte über hundert „Enzyklopädisten" als Zulieferer. Ihre Idee war die Sammlung und Zugänglichkeit des verlässlichen Wissens. Damalige Kirchenführer sahen genau das als antireligiöse Gefahr an und versuchten immer wieder (vergeblich), die Enzyklopädie schlicht zu verbieten.

Der Wissenschaft folgte alsbald auch die wissenschaftlich fundierte Technologie und damit eine Basis für die Wohlstandsvermehrung. Bis zum Jahr 1800 war der Pro-Kopf-Wohlstand in Europa und weltweit noch auf einem bescheidenen Niveau konstant geblieben, aber dann kam es zur breiten Entfaltung der Ingenieurswissenschaft und damit zu deutlichen, schließlich sogar explosiven Wohlstandsverbesserungen, wie die Abbildung 32 zeigt.

Das Wohlergehen der Menschen im Zusammenhang der Aufklärung war nicht ein rein ökonomisches Phänomen. Auch die Entwicklung einer auf guter Wissenschaft basierenden modernen Medizin war eine Folge der Aufklärung. Im

---

79 Winfried Schulze: Einführung in die neuere Geschichte. 5. überarbeitete und aktualisierte Auflage, Stuttgart 2010.

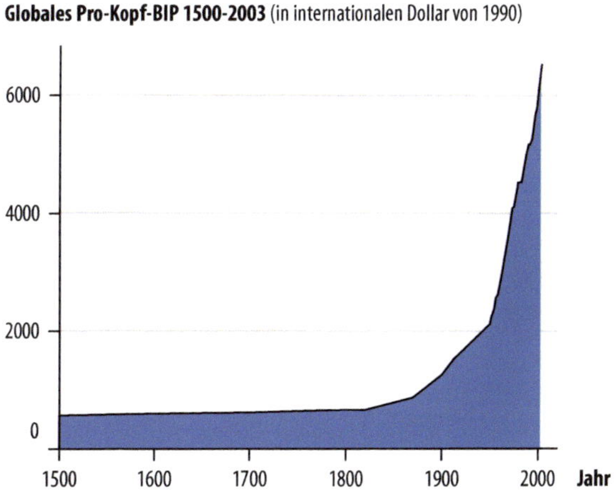

Abbildung 32: Bis zur Jahrhundertwende 1800 blieb das Pro-Kopf-BIP niedrig und flach. Dann begann eine erst langsame, ab 1880 schnellere und seit 1950 rasante Steigerung

Mittelalter und der frühen Neuzeit war die Lebenserwartung eines Neugeborenen in der Gegend von zwanzig oder dreißig Jahren, und in Zeiten von Seuchen wie der Pest noch viel niedriger. Im Gefolge der Aufklärung und der Medizin hat sich die Lebenserwartung sehr markant verbessert. Abbildung 33 zeigt die entsprechende Entwicklung in Deutschland seit 1871. Bis in die Jetztzeit hat sich eine reichliche Verdoppelung ergeben.

Während im europäischen Mittelalter das Christentum und im arabischen Raum der Islam die zentrale Rolle der Zivilisation sowie der Wahrheitsdefinition spielten, blieb die Wohlstandsentwicklung spärlich und stagnierend. Die religiöse Lehre hatte kaum eine die Wohlstandsvermehrung des Volkes betreffende Komponente. Da aber die Überwindung von Armut und die Entwicklung eines gewissen Massenwohl-

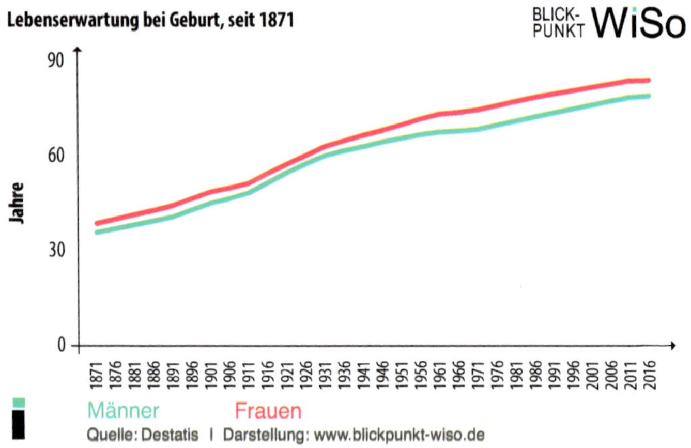

Abbildung 33: Verdoppelung der Lebenserwartung in Deutschland 1871–2016

standes dem Volk sehr wohl gefiel, ist es kaum ein Wunder, dass man in Europa, wo sich diese Wohlstandsentwicklung zuerst abspielte, die Aufklärung auch als eine Art großen Heilsbringer wahrnahm. Für viele war sie ein Heilsbringer mit größerer Gegenwartsnähe als die Heilsbotschaften der Religionen.

So erlangten die wahrheitssuchende Wissenschaft, die nutzenstiftende Technik, die ehrlich erscheinende Aufklärung eine große Anziehungskraft. Gleichzeitig wurden die religiösen Einflüsse langsam zurückgedrängt. Das war die Entwicklung zur Säkularisierung.[80]

Der Streit zwischen den Demuts-Wahrheiten des Christentums (und anderer Religionen) und den utilitaristischen Wahrheiten der Wissenschaft kann jedoch in die Irre führen.

80 Z.B. Hans Blumenberg: Säkularisierung und Selbstbehauptung. Erweiterte und überarbeitete Neuausgabe von „Die Legitimität der Neuzeit“, erster und zweiter Teil Suhrkamp Verlag, Frankfurt am Main 1974.

Beide Arten von Wahrheiten sollten hochgehalten werden. Synergien zwischen beiden sind möglich. Sie werden vermutlich sogar notwendig, wenn man sich die Schattenseiten der Europäischen Aufklärung und des puren Rationalismus vor Augen führt.

Schattenseite der Aufklärung: die Kolonialherrschaft

Die Entwicklung der Wahrheitssuche in der Wissenschaft, die hierauf basierende Technikentwicklung und die wiederum hierauf basierende Wohlstandsentwicklung haben der Europäischen Aufklärung ein unbestreitbar positives Ansehen verliehen. Jedoch gab und gibt es auch sehr ernst zu nehmende Schattenseiten.

Weltpolitisch ist die mit Abstand größte Schattenseite die Eroberung praktisch der gesamten Welt durch europäische Armeen und Handelsgesellschaften. Den Beginn machte die christliche Missionierung, die in ihrem Selbstverständnis natürlich ethisch-moralisch-religiös begründet war. Sie ging jedoch in Hunderten von Fällen Hand in Hand mit der Knechtung oder sogar Ermordung von Millionen von „Ungläubigen" oder „Einheimischen".

Es gibt nicht viele urkundliche Berichte über diese Verbrechen. Am bekanntesten ist vermutlich die Anklage des spanischen Kolonialbeamten und dann Mönches Bartolomé de Las Casas.[81] Scharf und verzweifelt kritisiert dieser unter an-

81 Bartolomé de Las Casas: Kurzgefasster Bericht von der Verwüstung der westindischen Länder (1522). Herausgegeben von Hans Magnus Enzensberger. Insel Taschenbuch 553, Frankfurt am Main 1981.

derem das brutale und mörderische Vorgehen des spanischen Gouverneurs der riesigen mexikanischen Halbinsel Yucatán, Francisco de Montejo. Dessen Gewaltherrschaft war für Las Casas unvereinbar mit dem Christentum.

Generell war die Eroberung von Süd-, Mittel- und Nordamerika durch Spanier, Portugiesen, Engländer und Franzosen moralisch kaum zu rechtfertigen. Nutznießer waren aber nicht nur die Eroberer, sondern auch die reichen Kunden der Händler sowie die Auswanderer aus Deutschland, Italien, Irland, Skandinavien und Osteuropa, die in ihrer Heimat kein Land oder keinen die Familie ernährenden Beruf fanden. Auch sie vergingen sich häufig mit Waffengewalt an den einheimischen Ureinwohnern in den nord- und südamerikanischen Kolonien.

Afrika und weiten Teilen Asiens ging es nicht besser. Die Kolonisierung und ökonomische Nutzbarmachung Nord- und Südamerikas durch die Europäer ging einher mit der Versklavung afrikanischer Menschen als Arbeitskräfte, wenn auch oft mit der Zulieferung durch afrikanische Herrscher und Gesellschaften. Die Verschiffung nach Amerika, die Arbeitsbedingungen und die völlige Rechtlosigkeit der Sklaven hat Millionen Menschen das Leben gekostet und ihre Traditionen, ihre Selbstbestimmung und ihr Glück zerstört. Die beiden großen Länder der Sklaverei in Amerika, die USA und Brasilien, haben (wie auch andere) bis heute mit den gesellschaftlichen Folgen der Sklaverei und des Rassismus zu kämpfen.

Um 1900 hat der Brite Cecil Rhodes den gigantischen Plan der „Kap-Kairo-Linie“ verfolgt, eines kompakten, breiten Nord-Süd-Landstriches in Afrika vollständig unter britischer Herrschaft. „Franco-Afrika“ umfasste bald den gesamten Nordwesten des großen Kontinents. Und das kleine

Belgien eroberte und erschlich sich das zentralafrikanische, etwa sechzigfach größere Kongo-Gebiet.

Abbildung 34 zeigt eine kolorierte Weltkarte von 1914 mit Kanada, Afrika, Australien und Teilen von Asien als Kolonien eingefärbt.

Ginge man 110 Jahre weiter zurück, wäre das gesamte Gebiet von Mittel- und Südamerika ebenfalls farbig (zumeist spanisch und portugiesisch), und 140 Jahre früher wären auch die USA (bzw. deren dreizehn Gründungsstaaten) noch britische Kolonien. Das dunkelviolett gezeichnete russische Zarenreich könnte man mit seinen asiatischen Teilen ebenfalls als Kolonialmacht auffassen. China war ein großes souveränes Kaiserreich mit Expansionskraft nach Westen und Norden. Das Osmanische Reich, hellgrün gefärbt, beherrschte Kolonien-ähnlich große Teile des Vorderen Orients und Nordafrikas.

Deutschland kam insgesamt viel später als Frankreich und England in den „Genuss" der Eroberung von Kolonien, benahm sich aber kaum besser, wie man insbesondere durch den Völkermord an den Hereros und Namas in „Deutsch Südwestafrika", heute Namibia, weiß.

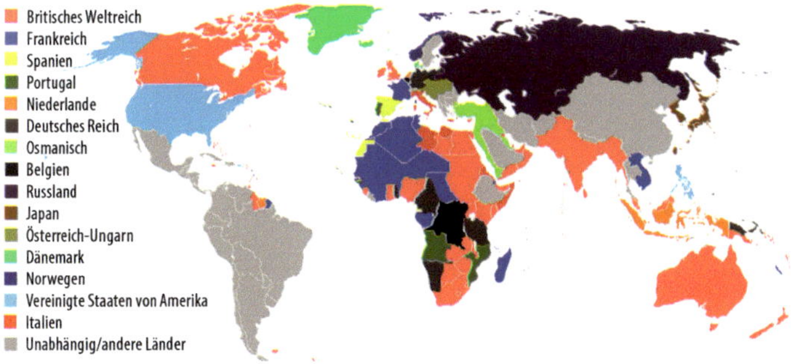

Abbildung 34: Vereinfachte Weltkarte von 1914. Die Kolonialmächte in Europa und die Türkei sind jeweils wie ihre Kolonien und Territorien gefärbt

Wer heute in Afrika und manchen anderen Plätzen der Welt den Begriff der europäischen „Aufklärung“, auf Englisch „Enlightenment“, nennt, stößt bei gut informierten Gesprächspartnern häufig auf grimmige Ablehnung – eben wegen der arroganten und zumeist brutalen Kolonialgeschichte. Umgekehrt sahen sich die Europäer dank ihrer durch die Aufklärung erlangten wissenschaftlichen, technischen und, davon waren sie in ihrem Selbstbewusstsein überzeugt, kulturellen Überlegenheit legitimiert, die als rückständig wahrgenommenen Länder zu „kolonisieren“.

„Die Aufklärung“, wie wir Europäer sie nennen, war zwar zweifellos für Philosophie, Naturwissenschaft und Technik und das hieraus hervorgebrachte Wohlstandsniveau eine großartige Leistung unseres kleinen Kontinents. Aber für die Länder der früheren Kolonien hat sie oft einen starken bösen Beigeschmack.

Dieser Kontrast kommt in den frühen europäischen Erzählungen zur Aufklärung nicht oft vor. Das liegt auch daran, dass viele aufklärerische europäische Autoren die Eroberung und Kolonisierung fremder Länder zutiefst verabscheuten. Man liest etwa in Richie Robertsons umfangreicher Geschichte der Aufklärung: „The conquest and exploitation of overseas territories were anathema to the Enlightenment“ („Die Eroberung und Ausbeutung überseeischer Gebiete waren für die Aufklärung ein Gräuel“), oder: „Enlightenment writers agree in denouncing colonialism and conquest“ („Die Aufklärungsautoren waren sich einig in der Schelte von Kolonialismus und Eroberung“).[82]

82 Richie Robertson: The Enlightenment. The Pursuit of Happiness 1680–1790, Allen Lane (Penguin Random House UK), London 2020, S. 626 und 630.

Weitere Schattenseiten: Materialismus und enger Rationalismus

Jenseits des Kolonialismus muss man eine Art von Rationalismus kritisch betrachten, der eine Gedankenlosigkeit gegenüber der Natur enthält. Zum Beispiel:

- Die aus der Aufklärung hervorgegangenen oder legitimierten menschlichen Eigenschaften des Individualismus und Egoismus, des Materialismus und Utilitarismus, des Kurzfristdenkens, sowie der Überbetonung der gegenseitigen persönlichen und wirtschaftlichen Konkurrenz;
- die Überbetonung des Wissenszuwachses durch rationalistische, reduktionistische, pointilistische, mathematische Methoden. Diese Methoden sind es doch, die für die Peers, die Schiedsrichter von zur Publikation eingereichten Aufsätzen, ausschlaggebend sind. Paul Feyerabends „anarchistische" Wissenschaftstheorie zeigt, dass der reduktionistische Methodenzwang[83] viele der relevantesten Fragen und Antworten verunmöglicht;
- eine Wirtschaftsauffassung mit einem verabsolutierten Prinzip der Gewinnmaximierung, das dazu neigt, sich von jeder anderen Betrachtungsweise abzukapseln. Das ist eine Verzerrung, sagt Papst Franziskus in der Enzyklika Laudato si';[84]
- die negativen Seiten des permanenten Wachstums, wie sie der Club of Rome in dem diskutierten Bestseller *Die Grenzen des Wachstums* in Kapitel 4 schon 1972 angespro-

83 Paul Feyerabend: Wider den Methodenzwang. Suhrkamp Verlag, Frankfurt am Main 1976.

84 Papst Franziskus: Enzyklika Laudato si'. Über die Sorge für das Gemeinsame Haus, St. Benno Verlag, Leipzig 2015, Absatz 195.

chen hat. Wir müssen mit Zusammenbrüchen rechnen, wenn die Weltbevölkerung nach altem Muster immer weiter wächst und vor allem der Pro-Kopf-Konsum weltweit noch schneller zunimmt, während die Ressourcen schrumpfen. Wenn also das pure Wachstum Teil der Aufklärung ist, ist das eine Art selbstmörderischer Schattenseite.[85]

Die Befreiung aus diesem Dilemma muss in gemeinsamer Anstrengung aller Länder und Kulturen gesucht und erarbeitet werden. Insbesondere müssten sich alle Länder auf eine Stabilisierung und womöglich Verminderung ihrer Bevölkerung verpflichten. Akzeptiert würde so ein Kontrakt von den Entwicklungsländern wohl kaum, wenn der Norden nicht im Gegenzug auf einen Teil seines ressourcenverzehrenden Konsums verzichtet. Auch eine vom Norden finanziell großzügig unterstützte Rentenpolitik könnte insbesondere in Afrika zur Stabilisierung der Bevölkerung beitragen, weil ein zuverlässiges Rentensystem jungen Familien die Gewissheit gibt, dass sie auch bei einer kleinen Kinderzahl im Alter wirtschaftlich gesichert bleiben.

Weitere Schattenseiten werden in dem Buch *Wir sind dran* (siehe Kapitel 4) beschrieben. Darunter fallen:

- Fehldeutungen vieler großer Aufklärungsautoren. Ein Beispiel: Adam Smiths geniale Idee, dass der Eigennutz der Einzelnen zum „Wohlstand der Nationen" führen kann, war für das 18. Jahrhundert sehr gut, weil damals die geografische Reichweite des Gesetzes identisch war mit der Reichweite des Marktes; dadurch blieb der Markt im Rah-

85 Vgl. z. B. Corine Pelluchon: Das Zeitalter des Lebendigen. Eine neue Philosophie der Aufklärung. Wiss. Buchgesellschaft, Darmstadt 2021.

men des Gesetzes. Heute aber ist der Markt global und das Gesetz meist national, und das erlaubt dem Markt, vor allem dem Finanzmarkt, die Gesetzgeber zu erpressen, die Gesetze so zu ändern, dass die Profite auf dem Markt sinnlos steigen. Das ist nur ein Beispiel.

- Die rationalistische Denke kann zur Rechthaberei führen. Wo aber die Wirklichkeit aus einer Balance besteht oder zu einer Balance hin immer wieder optimiert wird, kann diese Rechthaberei völlig in die Irre führen. Wir bilden in *Wir sind dran* das Yin-Yang-Symbol ab (Abbildung 35), welches die Weisheit der ausgleichenden und ergänzenden Balance symbolisiert.

Abbildung 35: Das Yin-Yang-Symbol: Es stellt den Wert der Balance bei der Suche nach der Wahrheit dar. Es kann auch als Gegenpol zur weit verbreiteten Rechthaberei angesehen werden

Die positive Seite einer neuen Aufklärung: Balance

Das Motiv der Erwähnung von Schattenseiten der historischen europäischen Aufklärung ist keineswegs als angestrebter Rückfall in das europäische Mittelalter vor der Aufklärung gemeint. Vielmehr sollte die heutige Volle Welt (Abbildung 2, Einführung) aufgeklärt genug werden, große Fehler zu vermeiden, die die positiven Seiten der Aufklärung überschatten. Dazu müssen aber die dunklen Seiten wahrgenommen und nach Möglichkeit überwunden werden. Die neue Aufklärung muss also den gleichen Ehrgeiz der wissenschaftlichen Aufrichtigkeit haben wie die alte Aufklärung. Und sie muss die dramatischen Unterschiede zwischen „leerer" und „voller" Welt wahrnehmen und Strategien für ein gutes Überleben in der Vollen Welt entwickeln.

Erwähnt habe ich das Prinzip der Balance. Wir brauchen Balance oder Ausgeglichenheit

- zwischen Frauen und Männern. Das hat sich in freiheitlichen Kulturen in den letzten Jahrzehnten bereits ein gutes Stück durchgesetzt und wird durch die möglichen Wortbedeutungen von Yin und Yang verkörpert;
- zwischen Staat und Markt. Das hilft, die genannte Aufklärungsweisheit von Adam Smith zu begreifen und den Markt dem Gesetz zu unterstellen;
- zwischen Mensch und Natur. Das wäre eine Absage an ein naturzerstörendes Anthropozän, also an naturzerstörende Wirtschaft und Lebensstile;
- zwischen Kurzfrist und Langfrist. Für Familienunternehmen eine Selbstverständlichkeit, für Firmen, die von externen Investoren und opportunistischen Aktionären beherrscht werden, kaum dursetzbar;
- zwischen Gleichheit/Gerechtigkeit und Leistungsanreiz. Das ist der politische Dauerstreit zwischen „links" und „rechts". Gute Politik braucht beides, balancierte Steuerpolitik dürfte dabei zentral sein;
- zwischen Geschwindigkeit und Stabilität. Die Vergötterung von Innovation oder (neuerdings) Disruption zer-

stört die Stabilität, die guten Traditionen und die Sorgfalt; aber die Stabilität alleine wäre eine Art Schlafzustand;

- zwischen Nord und Süd auf der Weltkarte. Die krasse ökonomische Dominanz des Nordens und neuerdings Chinas und die vielerorts verheerende Armut und Verschuldung des Südens müssen im Interesse der Menschlichkeit und des Friedens überwunden werden. Das ist, wie in Kapitel 5 skizziert, ein Kern der Klima-Erdpolitik;
- zwischen positiver und negativer Rückkopplung (hierüber geht das nächste Unterkapitel).

Viele andere Beispiele von Balance ließen sich aufzählen oder auch neu entwickeln. Es könnte jedenfalls hilfreich sein, rechtsstaatliche Verfassungen darauf zu prüfen, ob sie das Prinzip der Balance stützen oder behindern. Letzteres sollte abgelehnt und behoben werden.

Eine originelle Art, über die Klimakrise realistisch zu reden und zugleich Lebensfreude anzumahnen, hat Eckart von Hirschhausen in seinem monumentalen Buch *Mensch, Erde!*[86] präsentiert. *Wir könnten es so schön haben* ist der treffende Untertitel. Das markiert eine ganz andere Art von Balance: die Wissenschaft ernst nehmen, aber im mitmenschlichen Leben lebendig und fantasievoll bleiben.

Zum Schluss biete ich aber noch eine gänzlich andere Überlegung für die neue Aufklärung an. Es geht mir um eine systemtechnische Einsicht für die Stabilisierung anstelle der ständig ins Uferlose drängenden Expansion.

86 Eckart von Hirschhausen: Mensch, Erde! Wir könnten es so schön haben, dtv, München 2021.

Stabilisierungs-Rückkopplung

Wie schaffen es biologische Systeme, wilde und überraschende Umwelten immer wieder heil zu überstehen?

Die klassische regelungstechnische Antwort lautet: eingebaute „negative Rückkopplungen“. Das klingt erst mal negativ, ist aber etwas äußerst Positives. In lebendigen Systemen gibt es jede Menge Rückkopplungen. Ein Ereignis, ein Zustand löst Entwicklungen aus, etwa bei der Bakterienvermehrung. Bakterien teilen sich, und die beiden Teile wachsen wieder zu vollen, reifen Bakterien auf, die sich erneut teilen können. Das ist eine „positive Rückkopplung“.

Es gibt aber auch „negative Rückkopplungen“. Bei unnötig hohem Blutdruck sorgt der Parasympathikus-Nerv für dessen Senkung. Bei auftretenden Gefahren sorgt dagegen der Sympathikus-Nerv für die Steigerung des Blutdrucks. Parallel dazu gibt es auch eine biochemische Regulierung des Blutdrucks: Adrenalin steigert ihn, Angiotensin senkt ihn. Die jeweiligen „Gegenspieler“ sorgen gemeinsam für eine Stabilisierung des Blutdrucks auf einer jeweils situationsgemäßen Höhe.

Abbildung 36 zeigt ein Einfachbeispiel für negative Rückkopplung: Der Pupillenreflex regelt den Lichteinfall.

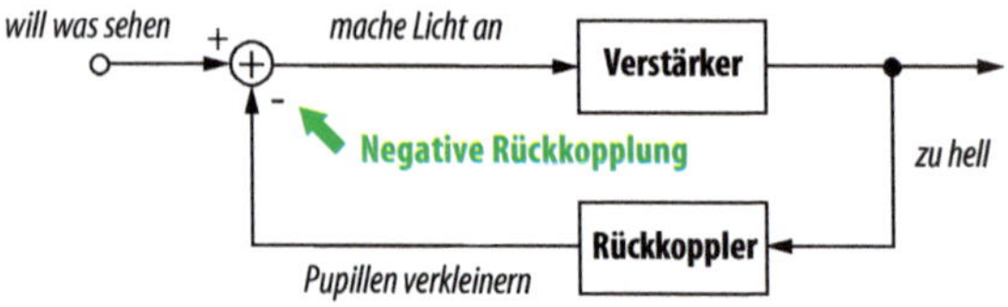

Abbildung 36: Ich will ein Objekt betrachten und mache das Licht an. Das verstärkt den Lichteinfall. Wenn's mir zu hell ist, reagieren meine Pupillen automatisch mit einer Verkleinerung. Das ist dann die „negative Rückkopplung“. Bis das Licht die ideale Stärke hat.

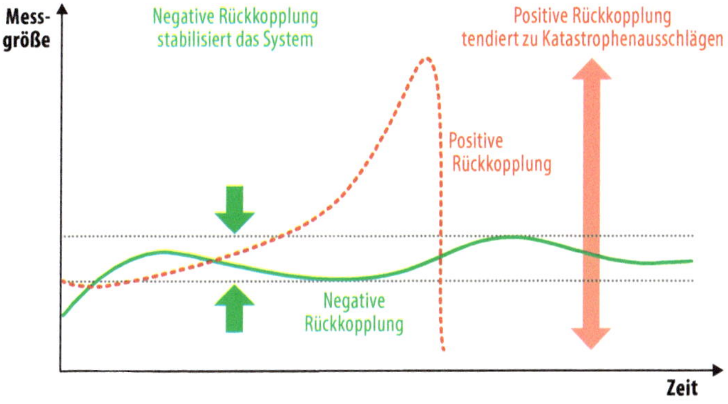

Abbildung 37: Man nehme eine Messgröße wie die Magenfüllung oder die Populationsgröße. Die positive Rückkopplung tendiert zu Exponentialkurven, die katastrophal werden können. Die negative Rückkopplung hingegen stabilisiert das System.

Wie vorhin gesagt, gibt es auch positive Rückkopplungen. Abbildung 37 vergleicht die negative und die positive Rückkopplung. Die gestrichelte Kurve zeigt die positive Rückkopplung. Da kann es passieren, dass die Messgröße an irgendeinen Anschlagpunkt kommt. Dann kann es zum Kollaps des Systems kommen. Demgegenüber sorgt die negative Rückkopplung typischerweise für die Stabilisierung des Systems. Das wird durch die zwei dicken grünen Pfeile symbolisiert. Geht die Messgröße zu weit nach oben, drückt sie der obere Pfeil hinunter. Ist sie zu niedrig, kann der untere Pfeil sie wieder nach oben schieben.

Wenn ich Hunger habe, esse ich gern etwas. Bis zum Sättigungspunkt – dann sagt mir mein Körper, ich könne jetzt mal aufhören. Dutzende, ja Hunderte solcher negativen Rückmeldungen laufen in unserem Körper permanent ab, meistens völlig schmerzfrei und meistens so, dass ich gar nichts von dem Stabilisierungsmechanismus spüre. Um das sprachliche

Missverständnis zu vermeiden, sage ich jetzt lieber *Stabilisierungs*-Rückkopplung statt „negativer" Rückkopplung.

Nun kommt aber eine hässliche Überraschung: In der Natur, in der Ökologie ist die Stabilisierungs-Rückkopplung allgegenwärtig und lebenserhaltend. In der von der rationalistischen Aufklärung und von der Wettbewerbs-Ökonomie geprägten Menschenwelt bekommt die positive Rückkopplung höchstes Lob, während die Stabilisierung beinahe als Schimpfwort eingesetzt wird, ähnlich wie der Ausdruck „auf der Stelle treten".

Amerikaner (und amerikanisierte Deutsche) haben die Tendenz, uns Europäer als „risk averse" zu verachten. Soll heißen: Die Europäer haben Angst vor dem Risiko und bleiben deshalb meistens zurück, während die furchtlosen Amerikaner das Risiko lieben. Amerikanische Lieblingsbeispiele sind die „Unicorns", das sind Start-ups, die nach kurzer Zeit schon einen Wert von über einer Milliarde Dollar haben. Sechsmal höher ist der Gesamtwert der US-amerikanischen Unicorns als der der Europäer (Abbildung 38).

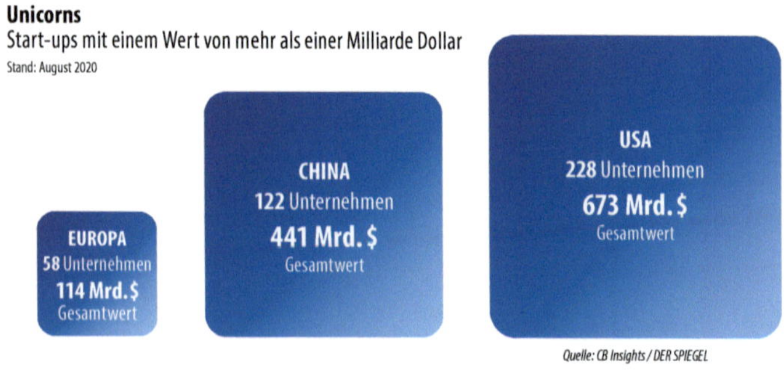

Abbildung 38: Die USA sind Weltmeister bei Unicorns, Europa ist erschreckend schwach, China ist den Amerikanern auf den Fersen

In der Ökologie gibt es kaum etwas Vergleichbares. Gewiss kommen auch in der Natur rasant erfolgreiche Neulinge vor, wie etwa das Corona-Virus. Kein Zufall aber, dass genau solche seltenen Erfolgsexplosionen für den Rest der Welt fürchterliche Bedrohungen sein können, die ganze Systeme zum Einsturz bringen können.

Wir kommen zu dem Befund, dass Ökonomie und Ökologie gegeneinander in einem systemtheoretischen Dauerstreit liegen. Heutige Aufklärung sollte auch hier die Balance wiederherstellen! Systemstabilisierung ja, aber auch Innovationsprämien. Und Europa kann den USA und auch China helfen, die Balance zu wahren und bei aller Freude am Fortschritt nicht die Möglichkeit der Stabilisierung zu zerstören.

7. AUSBLICK: WER MACHT MIT?

Wer macht mit? Wir alle!

Die Einführung und die bisherigen sechs Kapitel enthalten dramatische Herausforderungen. Die sind nicht zu meistern, wenn es nicht Millionen von Menschen gibt, bei uns im Land und weltweit, die bereit sind, sich als Klimaschützer zu fühlen und zu definieren. Das ist nicht (oder nur in Ausnahmefällen) als Berufsbezeichnung zu verstehen.

Natürlich gibt es Funktionen, die gewissermaßen hauptberuflich dem Klimaschutz dienen. Dazu gehören staatliche und private Funktionen. Beim Staat sind das in unserem Demokratieverständnis die gesetzgebende, die vollziehende und die rechtsprechende Gewalt.

Die rechtsprechende Gewalt hat sich im April 2021 durch das Bundesverfassungsgericht in die Klimagesetzgebung eingeschaltet und das Klimaschutzgesetz von 2019 als unzureichend bezüglich der Rechte zukünftiger Generationen beurteilt. Die Richter erklärten, es dürfe nicht einer Generation zugestanden werden, „unter vergleichsweise milder Reduktionslast große Teile des CO_2-Budgets zu verbrauchen, wenn damit zugleich den nachfolgenden Generationen eine radikale Reduktionslast überlassen und deren Leben umfassenden

Freiheitseinbußen ausgesetzt würde".[87] Daraufhin haben die Bundesregierung und der Deutsche Bundestag die geforderten Verbesserungen vorgenommen. Der Verbesserungsprozess muss jedoch weiter gehen!

Der deutsche Regierungswechsel Ende 2021 spricht sehr dafür, dass Regierung und Bundestagsmehrheit ein deutlich stärkeres Engagement für eine Klimastabilisierung zeigen als die Vorgängerregierungen und erst recht als die meisten Staaten der Welt.

Kaum weniger wichtig als die Personen in staatlichen Funktionen sind die Frauen und Männer als Ingenieure, Wissenschaftler und Manager in der gewerblichen Wirtschaft. Dazu gehören die klimabezogene Grundlagenwissenschaft und die praxisnahe Ingenieurwissenschaft, auch Beratungsinstitute. Ferner die Medien und die Werbebranche, die durch aufklärende Information und Sympathiewerbung zum Thema die öffentliche Meinung, das Käuferverhalten und damit die politische Akzeptanz von neuen Schritten mit ermöglichen.

In der öffentlichen Meinung muss es ankommen und fest einsickern, dass die einseitige Fortschrittsidee des ökonomischen Wachstums unter Klimagesichtspunkten unhaltbar geworden ist. Das ist zum Beispiel für Vermögens- und Managementberater erst mal schockierend, denn sie beraten ihre Kunden – mit deren Einverständnis – hauptsächlich im Sinne steigender wirtschaftlicher Gewinne. Und das heißt, nach den Grafiken von Abbildung 18 (Kapitel 3) mit deutlich steigenden Pro-Kopf-Beiträgen zum Bruttoinlandsprodukt

---

87 Neben dem sehr ausführlichen Text des BVG ist der Kommentar des WWF hilfreich, im Internet auf *www.wwf.de/themen-projekte/klima-energie/klimaschutz-und-energiewende-in-deutschland/klimaschutzgesetz/urteil-zum-klimaschutzgesetz* Dort auch der zitierte Wortlaut.

in den acht wichtigsten Wirtschaftssektoren und deren Klimarelevanz, auch im Sinne deutlich verstärkter CO_2-Emissionen. Analoges gilt für Firmenlenker, Investoren oder Wirtschaftspolitiker. Für sie heißt das „Mitmachen“ ein Schwenk in Richtung klimaneutraler Wirtschaftserfolge!

Wir müssen den Kreis noch weiter ziehen. Jede und jeder sollte im gewöhnlichen, angestammten Bereich beruflicher Beschäftigung sowie täglicher Verrichtungen die neuen Herausforderungen der Klimapolitik wahrnehmen und sich nach Möglichkeit anpassen. Als Kundinnen und Kunden können wir dazu übergehen, für die Dinge des täglichen Bedarfs darauf zu achten, dass deren Kauf und Konsum dem Klima und der biologischen Vielfalt eher nützen als schaden. Und wenn unser Beruf die schulische Erziehung ist, können wir uns schlau machen, wie sich Produktion, Lieferketten, Konsum, Handel, Nutzung und Abfall bezüglich der Klimaschäden oder der Klimaneutralität verhalten, und dieses Wissen im Unterricht weitergeben.

Für all diese Einschätzungen ist es natürlich hilfreich, wenn die Preise wenigstens einigermaßen die ökologische Wahrheit sagen. Dann sieht man schon am Preisschild im Regal, was man im Sinne künftiger Generationen vorziehen und was man vermeiden sollte.

Für die Abschätzung der „ökologischen Wahrheit“ braucht man wieder Profis, die die Entstehungsgeschichte der Waren und Dienstleistungen bezüglich der Klimaschädigung untersuchen. Und alsbald braucht man wieder Ingenieure, die daran arbeiten, die Schädigungen zu minimieren. Danach braucht man Journalisten, die die Richtigkeit und Zweckmäßigkeit (oder Irrtümer) solcher Innovationen abschätzen und verbreiten können.

Bürgerräte können das Volk ein Stück weit repräsentieren

Sehr erfreulich sind neuerdings die Erlaubnis zum Entstehen und das Fördern von „Bürgerräten“, die sich der politischen Aufgabe annehmen, praktische und politische Empfehlungen zu formulieren. So ist im Jahre 2021 ein Bürgerrat Klima berufen worden.[88] 160 Bürgerinnen und Bürger wurden dafür durch ein Zufallsprinzip ausgewählt, wobei jedoch darauf geachtet wurde, dass vier Kriterien in der Auswahl dem deutschen Bevölkerungsdurchschnitt entsprechen: Geschlecht, Alter, Schulabschluss und Migrationserfahrung. Ein fünftes Kriterium, „Wie wichtig ist der Klimaschutz für Sie?“, wurde auch abgefragt; aber die 11 Prozent der Personen, die den Klimaschutz überhaupt nicht wichtig fanden, blieben im Bürgerrat unterrepräsentiert, auch weil sie keine Motivation dazu hatten. Abbildung 39 zeigt die Teilnahmeprozentsätze für die fünf Kriterien.

Der Bürgerrat Klima beschäftigte sich mit Zukunftsbildern und Leitsätzen sowie mit den vier Handlungsfeldern Energie, Mobilität, Gebäude und Wärme, Ernährung. Für jedes Feld wurden auch Instrumente der Transformation formuliert.

In acht Sitzungen von je drei Stunden und vier (Samstags-) Sitzungen von je 7½ Stunden kamen 77 Empfehlungen zustande, die in den vier Handlungsfeldern spürbar ehrgeiziger ausfielen als das, was die – sehr klimabewusste – Ampelko-

88 Bürgerrat Klima: Unsere Empfehlungen für die deutsche Klimapolitik. Schirmherr: Prof. Horst Köhler, Alt-Bundespräsident. Entstehung, Zusammensetzung und Ergebnisse (Empfehlungen) des Bürgerrates stehen auf *https://buergerrat-klima.de*

alition in ihrer Koalitionsvereinbarung (ein halbes Jahr nach Abschluss des Bürgerrates) niedergelegt hat. Die Ja-Stimmen für die Empfehlungen innerhalb der Gruppen lagen in der Gegend von 90 Prozent. Lediglich bei den drei Fragen zur

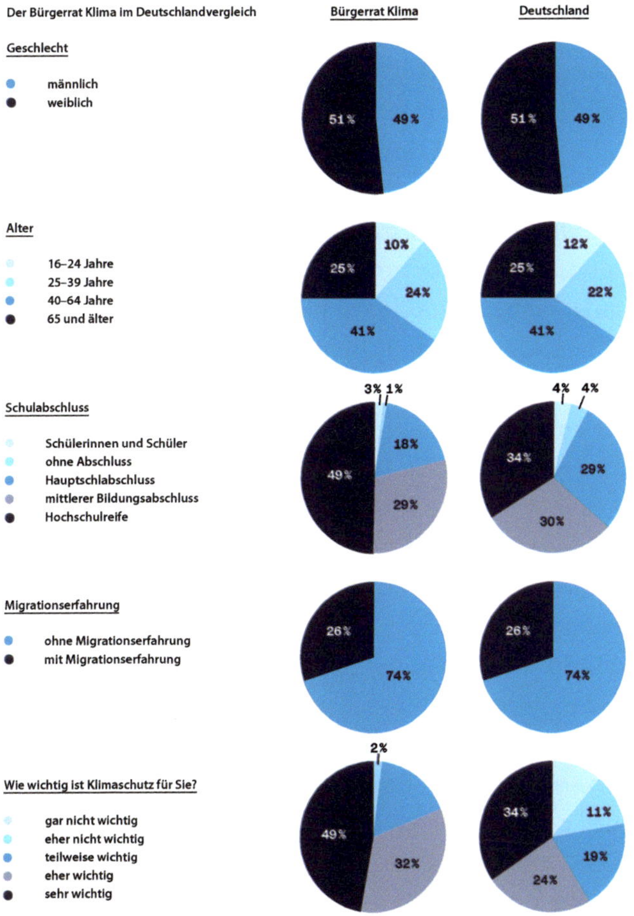

Abbildung 39: Für den Bürgerrat Klima sind 160 Personen per Zufallsverfahren ausgewählt worden, jedoch bezüglich Geschlecht, Alter, Schulabschluss und Migrationserfahrung etwa im die Prozentsatz der Gesamtbevölkerung.

globalen sozialen Gerechtigkeit kamen die Nein-Stimmen auf 30 bis 40 Prozent.

Alt-Bundespräsident Horst Köhler diente als Schirmherr und schrieb am Ende die Botschaft: „Unterschätzt Bürgerinnen und Bürger nicht – ihre Veränderungsbereitschaft und auch ihre Bereitschaft mitzumachen bei der Suche nach Wegen aus der Klimakrise. Es gibt Lösungen, um diese Lösungen gilt es jetzt zu ringen."

Alles in allem hat sich am Beispiel Klimaschutz das Verfahren des Bürgerrates gut bewährt. Das Engagement des Durchschnitts von im Zufallsverfahren gewählten Bürgerinnen und Bürgern war bemerkenswert stark. Hassbotschaften, wie man sie heute auf den Straßen und vor allem in den „sozialen" Medien erfährt, kamen in dem Prozess offenbar überhaupt nicht vor.

Außenpolitik, Europa, Vereinte Nationen

Die Bundesregierung hat sich vorgenommen, die hohen Standards für ein führendes *Industrieland* weiterhin zu erfüllen, gleichzeitig aber große Schritte in Richtung Klimaneutralität zu unternehmen. Es war ein plausibler Entschluss, die Klimapolitik im Wirtschaftsministerium anzusiedeln. Richtig erscheint mir auch die Entscheidung, die Klima-Außenpolitik offiziell zu etablieren und die Federführung dem Auswärtigen Amt zu übertragen. In Kapitel 5 sind die Gründe für die hohe Wichtigkeit der Klima-Außenpolitik skizziert worden.

Die Europapolitik spielt für uns in der Regelsetzung für Wirtschaft, Normen, Handelsbeziehungen und auch in der internationalen Klimapolitik eine große Rolle. Akut ist derzeit eine Diskussion über Kriterien im Finanzsektor und dessen Auswirkungen auf Klima und andere Umweltfragen. Hierfür hatte sich die EU-Kommission 2019 ein neues Instrument ausgedacht, die „Taxonomie". Kapitalanlagen und Nachhaltigkeitsberichte von Firmen sollten mit dem Pariser Klimaabkommen von 2015 und generell mit den Umweltzielen der Europäischen Union verträglich sein, dann dürfen sie subventioniert werden.

Peinlich war jedoch dabei, dass man die Atomenergie und das (fossile!) Erdgas als zeitweilig „nachhaltig" akzeptiert hat. Bei der Kernenergie berief man sich auf die Vermeidung von CO_2-Emissionen. Und das Gas wurde als Übergangstechnik zugelassen. Solche konzeptionellen Fehler führten zu großem Streit und großen Verzögerungen der im Kern recht vernünftigen „Taxonomie".

Globaler Klimaschutz wäre dringend nötig, weil ja das Klima ein globales Phänomen ist. Aber für die Mehrzahl der Entwicklungsländer ist der finanzielle Spielraum in Richtung Klimaschutz sehr gering. In Kapitel 5 ist der „Budgetansatz" skizziert worden, der die Entwicklungsländer finanziell kräftig stärken würde, wenn sie ihre Energie- und Industriepolitik in Richtung Klimaneutralität umpolen würden. Jedoch sind die wenigsten Länder des reichen Nordens bereit, diesen Anreiz zu finanzieren, ganz einfach, weil die Wähler-Mehrheiten so einen Abfluss von Staatskapital „nach draußen" schlicht ablehnen. Erst wenn wir demokratische Mehrheiten für eine wirkliche Klima-Außenpolitik haben, hat das Programm Chancen. Der Klimagipfel von Glasgow ergab da leider kaum einen Schritt vorwärts.

Die Vereinten Nationen wären im Prinzip die richtige Instanz, um die Aufgaben der Klimakonvention, der Biodiversitätskonvention und der Nachhaltigkeit anzupacken. Aber die

Abbildung 40: Die ökologischen Ziele (13, 14, 15) in der Nachhaltigkeitsagenda 2030; die Ziele 16 (Frieden) und 17 (Nord-Süd-Partnerschaft) sollten ebenfalls ökologisch verstanden werden

Mehrheit der Entwicklungsländer hat so große Finanzsorgen und den aus der Kolonialzeit stammenden Ingrimm gegen Europa und generell „den Norden“, dass sie in Sachen Klima und Umwelt wenig kooperationsbereit sind.

Das 2015 einstimmig von der UN-Generalversammlung beschlossene große Nachhaltigkeitsprogramm, die „Agenda 2030“ mit ihren 17 Nachhaltigkeitszielen (Sustainable Development Goals, SDGs), ist aus Sicht der Gruppe der 77, der Entwicklungsländer, im Wesentlichen ein Entwicklungshilfeprogramm. Die ersten elf der 17 SDGs sind riesige ökonomische Wachstumsprogramme. Wenn sie für alle acht oder zehn Milliarden Menschen durch konventionelles Wachstum erfüllt würden, wären die SDGs 13 (Klima), 14 (Meere) und 15 (Leben an Land) – Abbildung 40 – hoffnungslos kaputt!

Man muss folglich argumentativ umgekehrt anfangen: Klima, Meere und Biodiversität retten, *damit* die Überwindung der Armut (SDG 1), des Hungers (SDG 2), des Krankheitselends (SDG 3), des Bildungsnotstands (SDG 4) usw. überhaupt gelingen kann! Diese logische Reihenfolge bei Regierungen oder öffentlichen Versammlungen in Entwicklungsländern zu fordern, ist jedoch in der heutigen Stimmungslage sehr schwierig, außer in den pazifischen und karibischen Inselstaaten und in Bangladesch. Dort weiß man, dass Klimaschutz wichtiger ist als das Bruttoinlandsprodukt.

Macht Leugnen Spaß?

Was mich in Deutschland und weltweit wirklich irritiert, sind die zig Millionen Menschen, die sich aus Ärger, Verzweiflung oder Freude am Radau zusammenrotten und Tatsachen, die wissenschaftlich längst klar belegt sind, einfach leugnen. Wenn es nur das Leugnen wäre, könnte man darüber hinwegsehen, aber es ist inzwischen eine Art aggressiver Zeitgeist geworden, auf die Straße zu gehen und sehr bewusst die öffentliche Ordnung anzugreifen. Am bekanntesten sind zurzeit Klimaleugner und Impfgegner, die „Querdenker". Verwandt sind sie in der Hassverbreitung mit Rassisten und anderen Rechtsextremen.

Der Radikalismusforscher Matthias Quent[89] konstatiert, dass Großmobilisierungen kurz nach der Jahrtausendwende begannen, und zwar von links – gegen die Globalisierungs-Ungerechtigkeit. Aber etwa ab 2013, angestachelt durch Thilo Sarrazins Bestseller „Deutschland schafft sich ab",[90] wurden die rechtsradikalen Gruppen die Haupttreiber. Und ab 2020 gesellten sich die Gegner von Impfung und Corona-bedingten Lockdowns dazu. Für die Klimaleugner war es bequem, sich den Massenprotesten anzuschließen und damit das Monopol der Fridays for Future-Bewegung zu knacken.

Die Sozialen Medien spielen dabei leider eine unerfreuliche Rolle, am übelsten „Telegram". Sie beherrschen speziell in der jungen Generation die tägliche Kommunikation. Der

---

89 Matthias Quent: Deutschland rechts außen. Wie die Rechten nach der Macht greifen und wie wir sie stoppen können, Piper Verlag, München 2019.

90 Thilo Sarrazin: Deutschland schafft sich ab. Wie wir unser Land aufs Spiel setzen, DVA, München 2010.

Blick aufs Smartphone scheint häufiger vorzukommen als der Blick auf Mitmenschen (Abbildung 41).

Das moderne Smartphone ist ja eine technologische Meisterleistung. Und es macht Spaß, es zu benutzen. Neben der legitimen und praktischen Schnellkommunikation per Handy scheint es aber auch Spaß zu machen, die innere Frustration in den „sozialen" Medien durch Hassbotschaften abzuarbeiten. Man verbreitet dann gerne jede Menge von sachlichem und politischem Müll. Frustrierte Bürgerinnen und Bürger treffen sich in „Echokammern", wo sie von Gleichgesinnten ihre Streicheleinheiten bekommen. Oft fühlen sie sich erst dann „verstanden", wenn sie Hassbotschaften gegen „die da oben", „die Eliten" hören und teilen können.

Nichts gegen „Echo". Aber wenn das missbraucht wird, um Unwahrheiten zu popularisieren, ist es angesichts des Ernstes der Lage nicht zu akzeptieren. So etwa den physikalischen Unfug von „EIKE", dem „Europäischen Institut für

Abbildung 41: Der Blick aufs Smartphone dominiert

Klima & Energie e.V.“, das den wissenschaftlichen Konsens über die menschengemachte globale Erwärmung schlicht und mit verfehlten Argumenten leugnet.[91]

Die Corona-Krise ist zeitweise schwer überwindbar geworden, weil Verschwörungstheorien gegen die Corona-Impfung grassieren. Auf die wissenschaftliche Beweisführung über die weitgehende Ansteckungs-Abwehr durch Impfungen wollen viele einfach nicht hören. Einzuräumen ist die biologische Tatsache, dass der Körper in vielen Fällen eigene Abwehrkräfte hat oder aufbauen kann. Aber die Pandemie haben eigentlich nur Länder in Schach gehalten, die hohe Prozentsätze von Doppelt- und Dreifach-Impfungen erreichten.[92]

Auch wenn Opposition gegen die Eliten Spaß machen kann, sollte dieser Spaß nicht zum Schaden von Millionen Mitmenschen ausgelebt werden!

Fridays for Future, Scientists for Future, neue politische Parteien?

Mehrfach habe ich schon meine Bewunderung für die Fridays for Future-Bewegung ausgedrückt. Und ich habe mich frühzeitig auch der Hilfstruppe „Scientists for Future“ angeschlossen, in der Wissenschaftler den zumeist jungen Protestierenden helfen, bei kniffligen Sachfragen die richtigen Antworten zu finden. Das ist für mich viel besser als die oft gehörte, aber

---

91 Vgl. *www.quarks.de/podcast/quarks-science-cops-der-fall-eike-so-dreist-tricksen-klimawandel-verharmloser/*

92 Bundesministerium für Gesundheit, 2021: *www.zusammengegencorona.de/impfen/aufklaerung-zum-impftermin/10-gruende-sich-jetzt-gegen-das-coronavirus-impfen-zu-lassen/*

überhebliche Ermahnung von Erwachsenen: „Die Schülerinnen und Schüler sollen lieber in die Schule gehen und lernen, statt Schule zu schwänzen und den Verkehr zu blockieren."

Die Generation heutiger Schülerinnen und Schüler in Deutschland und vielen anderen Ländern ist sich im Klaren darüber, dass ihre Zukunft nicht so sehr durch Armut, Hunger oder Krankheiten gefährdet wird, sondern eher durch globale und lokale Katastrophen des Klimas. Auch Arbeitslosigkeit ist vielerorts nicht mehr die größte Sorge. Die jungen Menschen von Fridays for Future suchen den Kontakt mit Gleichgesinnten in anderen Erdteilen. Sie sind – so habe ich sie erlebt – wissbegierig, gesprächsbereit, friedliebend.

Im August 2019 wurde ich zur ersten Fridays for Future-Konferenz von Schülerinnen und Schülern aus ganz Europa (also auch außerhalb der EU) nach Lausanne in der Schweiz eingeladen, um den Einleitungsvortrag zu halten. *SMILE for Future* war der Titel der Konferenz. Dort traf ich auch Greta Thunberg und habe mich mit ihr angefreundet (Abbildung 42), dank ihrer Klugheit, Bescheidenheit und der wunderbar aufmunternden Art, wie sie mit Gleichaltrigen umging.

Die Fridays for Future-Bewegung hat das Bewusstsein weltweit deutlich beeinflusst. Aber sie hat natürlich kein Rechtsetzungsmandat. Hierfür sind andere Demokratieformen gefordert. In der Geschichte von Demokratien sind immer wieder neue Parteien gegründet worden, in denen sich die Vertreter neuer Ziele zusammentun. So sind in der Zeit der Industrialisierung und der schäbig niedrigen Löhne sozialdemokratische Parteien gegründet worden. Diese konnten im Laufe vieler Jahrzehnte die Verwirklichung von besseren Löhnen, akzeptablen Arbeitsbedingungen, allgemeinem

Abbildung 42: Greta Thunberg nach einem halbstündigen Gespräch mit mir am 5.8.2019

Wahlrecht, Krankenversicherung, Altersversorgung, Streikrecht und betrieblicher Mitbestimmung durchsetzen.

In den 1970er-Jahren sind in vielen Ländern Umwelt-Parteien gegründet worden, meist als grüne Parteien bezeichnet. Diese sind vielfach die wichtigsten Vertreter im organisierten politisch-demokratischen Spektrum der Akteure des vorsorgenden Klimaschutzes. Aber es ist nicht auszuschließen, dass die notwendigerweise ehrgeizigen Ziele eines echten Klimaschutzes zur Gründung neuer Parteien führen.

Die noch junge deutsche Ampelkoalition scheint zu zeigen, dass man hier keine neuen Parteien braucht. Aber wer weiß? Vielleicht passiert es in den Niederlanden, wo die Sorge vor dem Anstieg des Meeresspiegels allgegenwärtig ist, oder in Florida oder Bangladesch – aus genau dem gleichen

Grund. Dann kann es zu einem Lauffeuer von Parteigründungen kommen.

Friedenspolitik, die EU und die Kohabitation

Kapitel 5 beschrieb die Klima-Außenpolitik. Bei genauerem Hinsehen ist das aber wohl eine irreführende Vokabel. Die klassische Außenpolitik verkörpert noch den Nationalstaat, der sich auch um „das da draußen“ kümmern muss. Diese Politik sucht Vorteile und Sicherheiten fürs eigene Land. Diplomatie, Handel, militärische Sicherheit, Migrationsströme, Tourismus, neuerdings auch die Pandemie-Gefahr gehören zur Außenpolitik.

Die Klimapolitik sowie die Politik für biologische Vielfalt sollten eigentlich von vornherein einen anderen Beiklang haben. Hier geht es darum, weltweit zu kooperieren mit dem gemeinsamen Ziel der Klimastabilisierung und der Rettung der biologischen Vielfalt. Vielleicht sollten wir den schon öfter erwähnten Begriff „Erdpolitik“ wieder popularisieren. Erdpolitik kann auch ein Teil, ein Aspekt von Friedenspolitik sein.

Friedenspolitik ist etwas anderes als „Sicherheitspolitik“. Letztere ist in vielen Fällen waffenklirrende Abschreckungspolitik. Das Wort hat sich während des Kalten Krieges eingebürgert und ist seit dem russischen Überfall auf die Ukraine wieder die vorwiegende Vokabel. Auf einmal geht es praktisch in allen NATO-Mitgliedsländern wieder um mehr Rüstung für die militärische Sicherheit. Das kann ich realpolitisch nicht kritisieren. Aber ich halte es für den Erhalt unseres Planeten für künftige Generationen für unausweichlich, wieder zu echter Friedenspolitik zurückzukommen.

Gewaltsame Konflikte und Kriege gibt es, seit es Menschen gibt. Die Neigung dazu ist vermutlich sogar in unserem Erbgut verankert. Aber mit dem technischen „Fortschritt" des Militärs wurde das immer bedenklicher, spätestens seit der Entwicklung von Atombomben und Wasserstoffbomben.

Seither wird es immer richtiger und wichtiger, echte Friedenspolitik zu erfinden mit der Zielsetzung, Kriege generell zu ächten und zu verhindern. Denn Atomwaffen machen den Krieg zu einer Art Selbstmord der Menschheit. Die in Kapitel 5 genannte Gründungs-Charta der Vereinten Nationen hatte eben diese Bedeutung.

In dem Buch *Wir sind dran* zitieren wir Gerhard Knies (1937–2017) mit seiner COHAB-Idee. Sie adressiert das Zusammenleben, die Kohabitation unter den etwa 200 Staaten der Welt. COHAB verlangt eine Modifikation der Architektur der Vereinten Nationen zur Sicherung der globalen Gemeingüter wie einem zuträglichen Klima.

Eine *Volle Welt* (in der wir heute leben, vgl. Abbildung 2, Einführung) impliziert Einschränkungen der Souveränität der Nationalstaaten. Die UNO umfasst fast 200 Nationalstaaten. Die vor allem von Neo-Nationalisten und Rechtsextremen beanspruchte totale Souveränität ihres Staates kann ja die souveränen Rechte anderer Staaten massiv verletzen. Das ist heutzutage eine zerstörerische Forderung. Jede Tonne CO_2, die von einem der 7,9 Milliarden Menschen auf dem Planeten emittiert wird, betrifft alle anderen Menschen auf der Erde, einschließlich der zukünftigen Generationen.

Kohabitation bedeutet, das Beste daraus zu machen und die Verbindung zu optimieren. Von der traditionellen Rivalitätshaltung zwischen Nationen sollte die Menschheit zu einer globalen, gemeinschaftlichen Denkweise aufsteigen. Knies schlägt fünf aufeinanderfolgende Stufen vor:

1. Umwandlung des Intergovernmental Panel on Climate Change (IPCC) in ein Intergovernmental Panel on Habitability of Planet Earth (IPHE).
2. Nationale Ministerien für globale Kohabitation – zur Minderung von globalen Schäden und zum Aufbau von Synergien.
3. Internationale Kohabitations-Konferenzen ähnlich der heutigen Klimakonferenzen.
4. Nationalstaaten mutieren von Konkurrenten zu Partnern. Das Militärbudget schrumpft und das Geld geht in Projekte, die beiden Partnern nützen.
5. Kohabitations-basierte globale Governance – für gemeinsame Projekte.

Die fünf Schritte sind in *Wir sind dran* ausführlicher dargestellt.[93]

Die Europäische Union wird von politischen Beobachtern anderer Erdteile häufig als eine Art Paradies wahrgenommen. Hier sind anfangs sechs, später 28, nach dem Ausscheiden Großbritanniens 27 Staaten zusammengekommen und verfahren in vielen Hinsichten nach den COHAB-Prinzipien. Kriege zwischen den Mitgliedsstaaten gibt es seither nicht mehr, und der durchschnittliche Wohlstand nimmt stetig zu, selbst wenn es auch in der EU manchmal ökonomische Krisen gibt.

Die in diesem Buch skizzierten Krisen von Klima und biologischer Vielfalt werden jedenfalls durch das gemeinsame

93 Ernst Ulrich von Weizsäcker und Anders Wijkman u. a.: Wir sind dran. Was wir ändern müssen, wenn wir bleiben wollen. Taschenbuchausgabe. Pantheon Verlag, München 2019, S. 354–358.

Vorgehen der EU deutlich besser angegangen als es der Fall wäre, wenn weiterhin 27 vollständig souveräne Staaten separat handeln würden.

Leserinnen und Leser sind unabhängig von ihrem Lebensalter herzlich aufgefordert, sich für eine Politik und für eigene Handlungen zu engagieren, die dem Planeten Erde, seinem Klima und seiner biologischen Vielfalt guttun.

DANK

Im Juni 2021 traf ich mich in Bielefeld mit Ralf Markmeier, Geschäftsführer des Bonifatius Verlages, und Thomas Schmitz, vormalig Programmleiter des Gütersloher Verlagshauses und heute als Literaturagent tätig. Beide waren mir bekannt von der Publikation des Buches *Wir sind dran.* Es war 2016, als ich als Ko-Präsident des Club of Rome gemeinsam mit dem anderen Ko-Präsidenten Anders Wijkman den großen neuen Club of Rome-Bericht *Come On!* (der englische Originaltitel) fertigstellte und bei einer Berliner Tagung in Skizzenform präsentierte. Da kam aus dem Publikum Thomas Schmitz auf mich zu und bot mir an, eine deutsche Übersetzung im Gütersloher Verlagshaus herauszugeben. Gerne schlug ich ein, schließlich ist Liz Mohn auch Mitglied des Club of Rome und ihr Name noch viel mehr und untrennbar mit Bertelsmann verbunden, dessen inhaltliche Keimzelle das Gütersloher Verlagshaus ist. Kurz darauf traf ich auch Ralf Markmeier, damals Verlagsleiter in Gütersloh, der sich gerade in München bei der Verlagsgruppe Random House aufhielt, dem Buchbereich von Bertelsmann. Das Gütersloher Verlagshaus spielte gewiss eine entscheidende Rolle dafür, dass die deutsche Übersetzung gleich auf die Bestsellerlisten kam, anders als sämtliche anderen Übersetzungen einschließlich des englischen Originals.

Markmeier und Schmitz schlugen mir im Juni 2021 ohne Vorwarnung vor, ein eher schmales „Debattenbuch" zu machen, speziell zum Großthema Klima. Sie gaben mir sehr gute Ratschläge für Inhalt und Aufmachung und konzedierten sogar eine Farbbebilderung. Ich danke ihnen sehr herzlich.

Bei der Schreibarbeit habe ich vielseitige Hilfe erfahren, besonders auch von meiner Frau Christine von Weizsäcker, die die Verhandlungen der Biodiversitäts-Konvention der Vereinten Nationen verfolgt. Franz-Josef Radermacher und Tobias Orthen halfen bei der Formulierung der „Methanol-Story“ in Kapitel 5. Sandrine Dixson-Declève und Mamphela Ramphele, heutige Ko-Präsidentinnen des Club of Rome, sowie Jørgen Randers, Johan Rockström, Tomas Björkman, Per Espen Stoknes und Till Kellerhoff, alle vom Club of Rome, brachten mich jeweils auf den neuen Stand der Club of Rome-Entwicklungen. Greta Thunberg und Luisa Neubauer brachten mir das Denken der Fridays for Future-Bewegung nahe; zahlreiche „Scientists for Future“, unter ihnen Karl-Martin Hentschel, Gregor Hagedorn, Ralf Boecker, Maja Göpel, Eckart von Hirschhausen, Claudia Kemfert und Mojib Latif, äußerten aktuelle Gedanken und Mitteilungen zur Klimadiskussion. Jörg Haas korrigierte Fehldarstellungen zum Klimaschutz. Peter Finke half mir, die Frühphase der Europäischen Aufklärung zu begreifen. Martin Merz leistete exzellente Lektorenarbeit, gespickt mit zahlreichen Verbesserungsvorschlägen. Und Hans Kretschmer kümmerte sich in bewährter Weise um Illustrationen, Copyrights und Quellennachweise. Ihnen allen sowie dem gesamten Bonifatius Verlagsteam und zahllosen hier nicht erwähnten Personen danke ich herzlich für die Hilfen!

Abbildungsverzeichnis

Abb. 1, S. 19: Grafik nach: The Universal Ecological Fund (FEU-US), Stand 2019.
Abb. 2, S. 21: Eigene Grafik.
Abb. 3, S. 24: Deutscher Bundestag. Drucksache 14/9200, Berlin 2002. Das Bild befindet sich auf Seite 49 der Drucksache.
Abb. 4a, S. 29: Bildband „Fridays for Future (Könnte – Würde – Hätte) Machen. Jetzt." Erschienen im Delius Klasing Verlag, 2019.
Abb. 4b, S. 29: Mit freundlicher Genehmigung von Fridays for Future, Büro Berlin.
Abb. 5, S. 34: Quelle: Nach Latif, M. (2007): Wie stark ist der anthropogene Klimawandel?, in: Müller, M., U. Fuentes/H. Kohl (Hrsg.: Der UN-Weltklimareport. Berichte über eine aufhaltsame Katastrophe. Kiepenheuer und Witsch, Köln, S. 186-189, Grafik auf der Website der Bundeszentrale für politische Bildung, Artikel „Wetter, Klima und Klimawandel": *https://m.bpb.de/ gesellschaft/umwelt/klimawandel/38427/wetter-klima-und-klimawandel* (31.01.2022).
Abb. 6, S. 35: Quelle: Timothy Canty et al.: An empirical model of global climate – Part 1 Atmos. Chem. Phys., 13, 2013, S. 3997–4031. Deutsch: bearbeitete Fassung in NCA4 2017. Im Internet: *https://de.wikipedia.org/wiki/Datei:2017_Global_warming_attribution_-_based_on_NCA4_Fig_3.3-de.svg* (31.01.2022).
Abb. 7, S. 37: Foto: picture alliance / Xinhua News Agency | Marios Lolos.
Abb. 8, S. 38: Quelle: Scripps Institution of Oceanography: *https://scripps.ucsd.edu* Unter folgendem Link gibt Scripps den jeweils aktuellen Verlauf der „Keeling-Kurve" an: *https://keelingcurve.ucsd.edu*
Abb. 9, S. 39: Nach: Atlante Geografico Moderno. Mondadori, Mailand 1996.
Abb. 10, S. 42: Quellen: Bloomberg New Energy Finance, National Renewable Lab., Freeing Energy, 2017, Grafik nach: *https://twitter.com/efesce/status/1349139848741986304*
Abb. 11, S. 45: Quelle: _Glen Peters, CO2 Entnahme (@CO2neg) / Twitter *https://twitter.com/Peters_Glen/status/1318089810490380289/photo/1*
Abb. 12, S. 54: United Nations Headquarters Media Documents Centre S-0219 New York, NY 10017.
Abb. 13, S. 58: Mit freundlicher Genehmigung des Secretariat of the Convention on Biological Diversity (CBD).
Abb. 14, S. 62: Cartoon von Graeme MacKay – *Artizans.com*
Abb. 15, S. 66: Global Forest Coalition, Forest Cover 61: Our Nature Is Not Your Solution, International Day for Biological Diversity 2021. Im Internet: *https://globalforestcoalition.org/our-nature-is-not-your-solution* (31.01.2022). Logo mit freundlicher Genehmigung von Global Forest Coalition.
Abb. 16, S. 70: Grafik nach Jürgen Paeger: Ökosystem Erde; hierin Kapitel „Die Entstehungsgebiete der Landwirtschaft." (*https://www.oekosystem-erde.de/html/entstehungsgebiete.html*).
Abb. 17, S. 72: Eingefärbte und ins Deutsche übersetzte Grafik nach Will Steffen, Paul J. Crutzen and John R. McNeill (2007): The Anthropocene: Are Humans Now Overwhelming the Great Forces of Nature?, Ambio 36, 614-621. Grafik: mit freundlicher Genehmigung von Globaia (*www.globaia.org*).
Abb. 18, S. 80: Quelle: Hertwich, Edgar; Peters, G. P. 2009. Carbon Footprint of Nations: A Global, Trade-Linked Analysis. © Environ. Sci. Technol. 2009, 43, 16, 6414– 6420.
Abb. 19, S. 81: a) UNEP IRP: Decoupling Natural Resource Use and Environmental Impacts from Economic Growth. 2011. b) UNEP IRP: Decoupling 2. Technologies, Opportunities and Policy Options. 2014. c) UNEP IRP: City Level Decoupling. Urban resource flows and the governance of Infrastructure transitions. 2013. d) UNEP IRP: Assessing Global Land Use. Balancing Consumption with Sustainable Supply, 2014. Die vier Dokumente stehen im Internet auf der Website des UNEP-International Resource Panel: *www.resourcepanel.org* (31.01.2022).
Abb. 20, S. 87: Foto: picture-alliance / akg-images | akg-images.
Abb. 21, S. 89: Quelle: DDR MICHEL-Nr. 352; © Schwaneberger Verlag, Germering.
Abb. 22, S. 90: Quelle: Federal Reserve Bank of St. Louis5, Grafik aus: Bruegel blog post „The American tax debate" by Enrico Bergamini, *www.bruegel.org/2019/02/the-american-tax-debate/*).
Abb. 23, S. 93: Foto: picture-alliance / dpa | AFP.
Abb. 24a, S. 96: Quelle: World Inequality Report 2018.
Abb. 24b, S. 97: Quelle: World Inequality Report 2018.
Abb. 25, S. 101: Eigene Grafik nach Quelle: Donella Meadows, Dennis Meadows, Jorgen Randers, William Behrens III.: Die Grenzen des Wachstums. Bericht des Club of Rome zur Lage der Menschheit, aus dem Amerikanischen von Hans-Dieter Heck. Deutsche Verlags-Anstalt, Stuttgart 1972.
Abb. 26, S. 102: Nach: Jørgen Randers, Per Espen Stoknes. 2022. Earth4All. Im Druck. Siehe auch: *www.Earth4All.life*
Abb. 27, S. 109: Eigene Grafik.
Abb. 28, S. 112: Grafik nach: WBGU – German Advisory Council on Global Change (2009): Solving the climate dilemma: The budget approach. Special Report. Berlin: WBGU.
Abb. 29, S. 116: Nach: Focus Money online vom 5.9.2013.
Abb. 30, S. 117: Quelle: Thomas Graedel et al 2011, Recycling Rates of Metals. UNEP, Paris.
Abb. 31, S. 119: Grafik: BCA Research, *www.bcaresearch.com*
Abb. 32, S. 125: Datenquelle: Angus Maddison's 2009. „World Population, GDP and Per Capita GDP, 1-2003 AD" (Excel file), Bild unter *https://de.wikipedia.org/wiki/Datei:World_GDP_per_capita_1500_to_2003.png*
Abb. 33, S. 126: Quelle: *www.blickpunkt-wiso.de/schaubilder/1166n*
Abb. 34, S. 129: Quelle: Wikipedia-Eintrag „Kolonialismus".
Abb. 35, S. 133: Gemeinfrei.
Abb. 36, S. 136: Eigene Darstellung auf der Basis von: *https://de.wikipedia.org/wiki/Negative_Rückkopplung*
Abb. 37, S. 137: Eigene Grafik.
Abb. 38, S. 138: Eigene Grafik nach: *DER SPIEGEL,* Nr. 36 / 29.08.2020, S. 61.
Abb. 39, S. 145: Quelle: Bürgerrat Klima, „Unsere Empfehlungen für die deutsche Klimapolitik"(2021), S. 83, *https://buergerrat-klima.de/content/pdfs/BK_211213_Gutachten_Digital_Deutsch.pdf*
Abb. 40, S. 148: Grafik: *https://17ziele.de/downloads.html*
Abb. 41, S. 150: Foto: Free Range Stock / rawpixel.
Abb. 42, S. 153: Foto: Bea Albermann.